Manual del matrimonio feliz

Alexander Rosacruz

Editorial Anuket

Contenido:

Introducción

Introducción:

El matrimonio es una institución fundamental en la sociedad humana, que ha existido en diversas formas y culturas a lo largo de la historia. Aunque su significado y propósito han variado en el tiempo y en diferentes lugares, el matrimonio sigue siendo una institución central en muchas culturas y sociedades actuales. En este libro, exploraremos la importancia del matrimonio en la sociedad actual, las etapas que atraviesa, sus momentos maravillosos y sus dificultades.

El matrimonio es una forma importante de unir a dos personas en una relación legal y socialmente reconocida. A través del matrimonio, dos personas pueden formar una unidad familiar y construir una vida juntos. La unión amorosa de dos personas proporciona un marco legal y social para la toma de decisiones conjuntas, la compartición de recursos y la responsabilidad mutua. El matrimonio ofrece también protección legal para ambas partes, en términos de herencia, propiedad y beneficios de seguridad social.

En este libro no haremos distinción entre uniones legales y de convivencia, ya que en ambas existe una base que es el amor, que no necesita ser legalizado; por lo que indistintamente usaremos los términos: matrimonio, pareja, unión o vínculo.

Así mismo, el matrimonio es importante en la sociedad porque proporciona una estabilidad emocional y psicológica. Las relaciones amorosas pueden ser emocionalmente intensas y difíciles de mantener a largo plazo. El matrimonio, sin embargo, proporciona un marco de compromiso y dedicación que ayuda a las parejas a superar los altibajos sentimentales de la vida. Las parejas casadas también tienden a reportar niveles más altos de satisfacción y felicidad en sus relaciones que las parejas no casadas.

El matrimonio también es importante para la sociedad en términos de creación y mantenimiento de la estructura social. La institución del matrimonio proporciona una base sólida para la construcción de la familia y para la educación y crianza de los hijos. Los hijos criados en un hogar estable y comprometido tienden a tener mejores resultados en la vida que aquellos criados en hogares menos estables. Además, las familias unidas son una fuente importante de apoyo emocional y financiero para sus miembros, lo que ayuda a mantener una sociedad más cohesionada y funcional.

Otra forma en que el matrimonio es importante en la sociedad es a través de su papel en la regulación del comportamiento sexual y reproductivo. La monogamia y la fidelidad son valores importantes en muchas culturas y sociedades, y el matrimonio ofrece una forma aceptable y reconocida socialmente para expresar y regular la sexualidad. El matrimonio también ofrece una estructura para la planificación familiar y la crianza responsable, lo que puede contribuir a la reducción de la pobreza y la mejora de la salud y el bienestar de las familias.

Pero a pesar de todas las bondades que ofrece el lazo matrimonial, según las estadísticas, uno de cada dos matrimonios termina zozobrando en las aguas de discordia, el desamor o el rencor ¿Por qué? En las siguientes páginas lo analizaremos y brindaremos los caminos adecuados para que ello no suceda.

Capítulo 1
Etapas de la familia

Las etapas del amor

A menudo percibimos las dificultades iniciales y los desacuerdos con nuestra pareja como el comienzo de un final irreversible. Pero en realidad, es solo otra fase del amor que deberíamos poder atravesar juntos. En cualquier relación, incluso la más apasionada (al principio), llega un momento en que el hombre o la mujer de tus sueños deja de ser guapo y apasionado contigo, el sexo con él deja de ser una sorpresa; y seamos honestos, tú mismo sientes que ya no tienes el atractivo que tenía antes.

A menudo es en este punto que la conexión se rompe, en algunas parejas sucede en poco tiempo, mientras que en otras puede ocurrir incluso después de diez años de matrimonio. Después de una ruptura difícil, estamos desesperados/as por encontrar al "indicado". Pero cuando se encuentra, es posible que el círculo vicioso "de la admiración a la decepción" se vuelva a repetir. ¿Cuál es la razón? En realidad, lo que pensamos como el punto de no retorno, y que ahora va ser diferente, no es más que una etapa en esta nueva relación, pero, que, en algunos casos, puede ser el comienzo de un amor real, duradero e intenso. Si no aprendemos a reconocer las etapas del amor a tiempo y controlar nuestras emociones, corremos el riesgo de pisar el mismo rastrillo una y otra vez.

Según los expertos, cada relación romántica pasa por cinco etapas estándar. El tercero es el más difícil, pero si sobrevives, podrás mover montañas al final.

- **Primera etapa: enamorarse**

Desde un punto de vista puramente biológico, enamorarse es solo un truco evolutivo que permite a dos personas perpetuar la humanidad. Pero cuando nos apasiona alguien, pensamos menos en los trucos de la naturaleza: principalmente porque estamos bajo la influencia de las hormonas dopamina, oxitocina, serotonina, testosterona y estrógeno. Es un cóctel explosivo que origina exactamente esas "mariposas en el estómago" cuando el pulso sube y la respiración se detiene. Este sentimiento de júbilo solo se intensifica cuando inconscientemente comenzamos a proyectar todas nuestras esperanzas y sueños incumplidos en nuestro nuevo amante. Con él comenzamos a soñar con un futuro brillante: cómo todos nuestros deseos se harán realidad, cómo obtendremos todo lo que no obtuvimos en la infancia y cómo no repetiremos la decepción que experimentamos en nuestras relaciones anteriores. Por más cínico que parezca, las hormonas no te permiten pensar racional y lógicamente, pero no hay vergüenza en esto: después de todo, no es por nada que el sentimiento de enamorarse es considerado una de las emociones más excitantes en el mundo, y para nada es pecado disfrutarlo.

- ## **Segunda etapa: Apareamiento**

En esta etapa, los amantes profundizan sus lazos, comparten un objetivo común y eventualmente forman una pareja fuerte (principalmente en el matrimonio). Aquí es cuando la pareja se convierte en familia, o sea con el nacimiento del primer hijo. En esta etapa la economía se afianza y se compran autos, departamentos, se planifica para el futuro y ambos se muestran al mundo como "parte de la sociedad" de aquí en adelante.

Esta fase es un tiempo feliz y agradable para que estén juntos. Las hormonas ya no tienen el mismo poder, pero sienten una conexión más profunda. El sexo también se vuelve, aunque menos frecuente y más tranquilo, más significativo e igualmente satisfactorio. Surge una sensación de seguridad, orden y solidaridad. En este momento, muchas parejas extrañarán los fuertes sentimientos del pasado, pero aún prefieren esta etapa de su relación, porque sienten que su amor es más estable que nunca y nada puede cambiar. Pero esto es un gran error.

- ## **Etapa tres: decepción**

Por supuesto, nadie dice que la relación iba a ser fácil, pero obviamente nadie está preparado para las dificultades. Tu pareja parece irritada y físicamente alejándose sin razón alguna. De repente descubre que su amor perfecto se había vuelto negro hasta los huesos, y esto ha estado sucediendo durante mucho tiempo. ¿Se acabó el amor?

El fracaso suele ser la etapa en la que la mayoría de los matrimonios se rompen. Sucede de diferentes maneras: alguien se aleja del otro ante el primer desacuerdo serio, o alguien vive con total insatisfacción y odio oculto durante años. Durante este tiempo, preferimos dormir hasta tarde, discutir y enfermarnos. Las dificultades en el hogar conducen a fallas en el trabajo, inmunidad debilitada, apatía total, los hombres pueden tener problemas de erección, etc. Por supuesto, nada de esto ayuda a la relación, y muchos amantes, desesperados, comienzan a buscar formas de escapar.

¿Cómo sucede? Muchas parejas se separan en este punto, creyendo erróneamente que ser infeliz en una relación es anormal e ilógico. Sin embargo, no lo es. Como con cualquier sistema organizado, los matrimonios pueden fallar, por lo que el primer paso aquí es prevenir la ruptura, no dejarla triunfar.

Esta tercera fase de la relación se puede comparar con un virus, que después de la derrota se vuelve significativamente más resistente a los estímulos. En este momento, el amado ya no se considera "ideal": una persona común aparece frente a ti y no es fácil amar a alguien sin la ayuda de las hormonas y las fantasías de las dos etapas anteriores, pero aún es posible.

De hecho, solo ahora se puede decir que están haciendo el amor verdadero, porque solo después de la tercera etapa comienzan a aceptarse tal como son.

- ## **Cuarta Etapa: Amor verdadero y duradero**

Después de que todas las tormentas que acompañaron a la tercera etapa hayan pasado, comienza una etapa de profunda y cuidadosa reflexión. Juntos, comienzan a desentrañar lo que les sucedió antes y por qué eran inestables. Durante este tiempo, se conocerán mejor que nunca, ya que sus desgracias mutuas a menudo tienen sus raíces (pero afortunadamente en el pasado) en su infancia.

En esta etapa de la relación, las personas ya no están tan enamoradas, sino que se intensifica el amor, es decir, al verse y aceptarse con sus ventajas y desventajas. Sin embargo, el trauma infantil (divorcio de los padres, violencia doméstica, infidelidad) puede afectar directamente el comportamiento de una persona a medida que crece.

En esta etapa, quizás por primera vez, tu egoísmo pasa a un segundo plano: a partir de este momento, el amor mutuo se vuelve tan profundo que comienzan a sanar las heridas del otro. Esto no solo fortalece el vínculo entre los dos, sino que también elimina cualquier conflicto potencial porque ambos ya saben exactamente qué los causa y cómo evitarlos.

- ## **Etapa cinco: el amor que cambió el mundo**

No todos llegan a esta etapa, ya que muchas parejas que atraviesan una crisis prefieren quedarse en la etapa 4 por el resto de sus vidas. Esto no es malo en sí mismo, pero cuando el amor es tan fuerte que puede extenderse por todo el mundo, quedarse en la etapa cuatro, no puede ser inspirador.

La lógica aquí es esta: ambos han superado tantas dificultades y obstáculos en el camino hacia la felicidad y no se han dado por vencidos. Entonces, ¿por qué no usar sus experiencias positivas para beneficiar a otros? Esta sabiduría silenciosa se derrama ayudando primero a los propios hijos, luego a los hijos de otras personas, y más tarde incluso a las organizaciones benéficas, etc. Su amor es lo suficientemente maduro como para que no necesite ser alimentado, por lo que es lógico que encuentre una salida en otras buenas obras. Es en esta fase que se resume la relación durante las últimas décadas, y el amor se convierte en una imagen poética que realmente puede cambiar el mundo. Por cierto, es en esta etapa cuando algunas parejas empiezan a crear juntas: escriben libros, crean proyectos sociales, etc.

Etapas de la vida familiar

El concepto de familia, como su formación y las reglas que la rigen, ha cambiado a lo largo de los siglos y entre culturas. Así, por ejemplo, se prefirió la poligamia o el concubinato en épocas en las que era necesario reemplazar a los soldados como defensores o atacantes, y cuando el número total de hombres disminuía debido a la guerra y las luchas civiles. Los hijos nacidos de concubinas eran reconocidos por sus padres y adquirían algunos derechos. La poligamia, por otro lado, estaba mal vista en las ciudades, que estaban más preocupadas por la supervivencia del núcleo familiar; y un hombre que tenía varias mujeres, significaba que debía repartir entre muchos los medios de supervivencia con que contaba, debilitando a su propia familia. Las leyes sobre el matrimonio y la familia han cambiado a medida que han cambiado las circunstancias históricas.

Cada núcleo familiar es un sistema completo con sus propias reglas de funcionamiento y etapas de vida. Cada familia tiene sus propias características y cada una se desarrolla a su manera. Pero no importa cuán diferentes sean los núcleos familiares, todos enfrentan la misma crisis. A pesar de la creencia común de que la "crisis" es un evento negativo, cada conflicto es en realidad una transición a un nuevo nivel de desarrollo.

Las relaciones entre los miembros cambian constantemente, las reglas cambian constantemente y las condiciones de vida cambian constantemente. Las familias se ven obligadas a adaptarse a las nuevas situaciones y desarrollar nuevas formas de operar el sistema. No todos tienen éxito en esta área, algunas familias se separan durante este tiempo y aquellos que encuentran la fuerza para superar las dificultades ingresan a nuevas etapas de desarrollo. Es común que las personas resalten algunos de los momentos más difíciles de la vida familiar. Conocer las señales de cada "momento difícil" facilita comprender en qué fase se encuentra el núcleo familiar y el tipo de crisis que puede enfrentar.

- **Crisis 1-2 años en la vida familiar**

Los primeros problemas comienzan ya en el primer año de matrimonio. Están relacionados con el hecho de que los cónyuges todavía están tratando de sacar lo mejor de ellos. Juntos crean una vida, decoran su espacio, las hormonas del amor están en pleno apogeo y la vida juntos parece una aventura. Sin embargo, después de aproximadamente un año (algunos se dan por vencidos más rápido, otros duran más), las preocupaciones cotidianas de la convivencia se vuelven prioritarias, y las batas elegantes y sexis son reemplazadas por pijamas de casa. Los calcetines sucios y el desorden en el hogar aparecen cada vez más.

De repente te resulta incómodo dormir en la misma habitación porque a uno le gusta abrir las ventanas cuando hace frío y el otro prefiere dormir con las ventanas cerradas. Las diferencias de gusto y opinión parecen insuperables cuando se trata de qué hacer el viernes por la noche.

Parece que todas estas pequeñas cosas se pueden experimentar y superar, pero a medida que se desarrollan los acontecimientos, el primer golpe serio le espera a la pareja: el nacimiento de un hijo. La verdadera crisis realmente sucede aquí. Una nueva madre puede sentirse muy cansada por la constante falta de sueño, problemas para tener un hijo o para amamantar. Su forma de vida habitual cambia radicalmente, se le niega una vida normal y sus propios intereses tienen que quedar en un segundo plano. La situación también es difícil para los hombres. Sin la atención y el cuidado de su esposa, todas las cosas negativas de ella caen sobre él. Ella espera con ansias que él llegara a casa del trabajo, no para recibirlo con un cálido saludo y servirle la cena, sino para desahogarse de todas las travesuras y rabietas que le causó su hijo. La carga financiera adicional recae sobre él. Además, a veces, tiene que vivir con el hecho de que se le niega no solo el cuidado de su esposa, sino también su vida sexual. Ahora la pareja no es solo marido y mujer, sino también padres. Por eso es necesario discutir la división de responsabilidades antes de que nazca el bebé.

Al darse cuenta de que el nacimiento de un hijo no es solo un acontecimiento feliz, sino un momento de cambios profundos en la vida familiar, se deben hacer muchos sacrificios. Aquí es mejor ayudar a la madre con el niño para que tenga tiempo de descansar. Cabe señalar que en los primeros meses realmente hay que estar mucho con el bebé, pero la vida mejora gradualmente. La tarea principal de la pareja en este momento es coordinarse y ayudarse mutuamente, revisar el estilo de vida familiar, teniendo en cuenta que ahora son tres personas.

- **Crisis 3-5 años en la vida familiar**

Marido y mujer están acostumbrados al papel de padres, y todos los participantes han establecido ciertas interacciones y estilos de vida. La pareja se acostumbra y el amor se convierte poco a poco en un hábito. Si un hombre y una mujer no se esfuerzan por mantener el contacto afectivo, éste desaparece y la pareja se distancia. A medida que desaparecen los sentimientos, también se diluye el interés sexual mutuo. Además, a partir de los 2 años, el niño, que antes existía como una especie de peluche, comienza cada vez más a declarar su autonomía. Sus intereses y demandas deben ser tomados en cuenta cada vez más

Durante el mismo período, las familias enfrentan otro desafío: las habilidades sociales. El niño está en el jardín de infantes. Si antes de eso toda la comunicación tenía que hacerse solo entre sí, entonces aparecieron reglas y requisitos desde el exterior. Los padres tendrán otro reto: adaptarse a la nueva realidad. Cuando se trata de obtener la educación adecuada, comienza la verdadera batalla. En esta etapa, es deseable asegurarse de que la relación entre los socios no se limite a discusiones sobre "problemas de niños". Deben seguir su vida como pareja: Salgan a cenar, vayan de vacaciones juntos, realicen acuerdos para resolver sus problemas. Los conflictos, las peleas y las reconciliaciones pueden calentar una relación, pero son inútiles para resolver los problemas fundamentales.

- **Crisis 7 años de vida familiar**

La vida parece haberse ajustado por completo. Actualmente, la situación financiera de la mayoría de las familias se ha estabilizado, el problema de vivienda se ha solucionado y las responsabilidades de varios miembros del grupo se ha establecido. Vivir y regocijarse, pero no.

Si antes, parece que los "problemas sexuales" quedaron atrás. Así, en esta etapa, el sexo, o más bien su carencia o monotonía, se convierte en la principal causa de la crisis. En este momento, biológicamente hablando, las parejas están en la plenitud de la actividad sexual y quieren algo brillante y variado más que nunca. Pero son demasiado familiares, no hay sorpresa entre ellos. Y si alguien tiene fantasías o deseos después de muchos años de estar juntos, pocos se atreven a compartirlos con su pareja. Este es el momento en que las familias experimentan con mayor frecuencia la traición.

El hijo mayor se está preparando para la escuela y es posible que ya se encuentre otro hijo en la familia. A menudo, el primer grado del hijo mayor (que en sí mismo es un momento muy difícil para la familia) se superpone con la crisis de 3 años del segundo hijo. Los padres generalmente están molestos. Este es exactamente el momento de aprender a no guardar rencores, sino a resolver las disputas de una manera adulta.

Para las mujeres, es importante no olvidar el desarrollo personal y el equilibrio entre el trabajo, los hijos y el cónyuge (este último suele estar al final de la lista de tareas pendientes en el séptimo año de matrimonio). Las citas románticas son pocas y espaciadas en este período, y es importante pasar más tiempo juntos y tratar de reavivar viejas pasiones. La relación sexual entre los cónyuges en esta etapa es más importante que la relación con la escuela.

•   Vida familiar en condiciones de crisis 10-14 años

Para la mayoría de las parejas, este período de la vida familiar coincide con la crisis de la mediana edad de la pareja. Alguien está decepcionado con su carrera, alguien reflexiona sobre el valor de la vida y alguien entiende claramente que no soñó con vivir esta vida. Muchos ven las razones de su fracaso en la familia, comienzan a culpar a la otra mitad por sus sueños infelices y deciden que la salida más fácil es el divorcio.

Un adolescente también trae serias discordias a la familia. El problema comienza con constantes escándalos, juicios y culpas. En algunos lugares, los padres realmente comienzan a cuestionarse el haber contraído matrimonio. Los adolescentes necesitan mucha atención mientras sus padres están ocupados con su "rediseño" fallido de la vida. En estos casos, es necesario revivir las tradiciones familiares: comidas conjuntas, paseos, conversaciones de buenas noches. Todo lo que mantiene unida a la familia es útil. Es más importante que nunca que los socios se apoyen mutuamente, cuiden el negocio y compartan sus inquietudes. Se debe reservar un tiempo regular para que cada padre interactúe individualmente y en grupo con el joven.

También sirve de ayuda encontrar actividades alternativas para la realidad virtual en que se sumergen los jóvenes. Cuanto más apoyo y participación tenga un adolescente en el hogar, menos probabilidades hay de que se involucre con malas compañías.

- **Vida familiar en condiciones de crisis 15-19 años**

Síndrome del nido vacío: este es el nombre que se le da a este período difícil en la historia de la familia. Los niños crecieron y abandonaron la casa de sus padres, ya sea por estudio, porque decidieron vivir solos o porque formaron una nueva familia. Los socios están solos nuevamente y pueden enfrentar la soledad. Es una prueba dura: después de todo, si la familia es una construcción con hijos, entonces, cuando se van, las personas mayores han descubierto que no tienen nada en común. Aquí se muestra cómo la conexión emocional entre esposos se mantiene no como padres, sino como marido y mujer. Aquí es donde o siguen siendo una familia después de que los niños se vayan o se vuelven extraños entre sí. Para superar este período, se deben encontrar nuevos intereses comunes y hablar entre ellos tanto como sea posible. Se deben descubrir cosas nuevas entre los compañeros de vida. Importante: Construir la vida de acuerdo con las nuevas reglas y tratar en lo posible de no aferrarse a los hijos con el pretexto de "ayuda".

- **Después de 20 años de matrimonio**

Lo más importante en este período es que los miembros de la pareja están tan acostumbrados el uno al otro que en la mayoría de las familias viven como vecinos o, en el mejor de los casos, como amigos.

La mayoría de las situaciones de crisis en este grupo de edad están asociadas con una actividad sexual suficientemente alta en hombres y mujeres atravesando la menopausia. Sin embargo, hay un lado positivo en esta etapa: la conversión de padres a abuelos para ayudar a reunir la familia original.

Qué hacer durante este tiempo: Asistir a eventos, pasear, reunirse con amigos, hacer cosas para las que antes no había suficiente tiempo.

Capítulo 2
Secretos de un matrimonio feliz

Los matrimonios felices y duraderos nunca son accidentales. Tales alianzas son el resultado de un arduo trabajo. Probablemente toda mujer sueña con encontrar a su alma gemela; como muchos hombres a su mujer ideal, aunque ellos prefieren ocultarlo, para no mostrar debilidad. Por supuesto, cuando se juntan, nadie duda que es para siempre.

Pero las estadísticas son claras: la mayoría, o por lo menos el 50% de los matrimonios terminan en divorcio. Esta es la tendencia general en todo el mundo civilizado. Según las estadísticas, más de la mitad de los matrimonios en la sociedad moderna terminan su relación con un menor o mayor grado de frustración. Además, el 40 por ciento de las parejas deciden divorciarse dentro de los primeros cuatro años de matrimonio. Alrededor de 2/3 de los casos de divorcio se concretarán en los siguientes cinco años. Si el matrimonio dura los primeros siete años y sobrevive, el riesgo de divorcio se reduce temporalmente; la próxima ola de divorcios ocurre cuando los hijos crecen y el cónyuge desea volver a la soltería.

Dato curioso: si te casas temprano, durarás casado un poco más en promedio que los matrimonios posteriores después de los 30 años. Aquí no hay ningún secreto: los jóvenes son más pacientes y están dispuestos a hacer un esfuerzo para estar y crecer juntos. Pero las personas mayores a menudo ya no les cabe el "ceder" y "romper" sus hábitos, estilos de vida y necesidades.

¿Por qué se rompen los matrimonios?

Antes de continuar respondiendo la pregunta de cómo y quién se casa de por vida, te recomiendo que primero averigües por qué la gente se divorcia. Por supuesto, cada familia desdichada es infeliz a su manera, pero cuando se trata de relaciones humanas, hay algunas razones estándar por las que las cosas no funcionan. Como experto en relaciones y psicoterapeuta, puedo decir con seguridad que la razón principal es la ignorancia banal de las personas sobre la psicología de las relaciones.

Los socios crean relaciones sin saber nada acerca de ellas. No tiene nada que ver con las características sexuales de un individuo, y no tiene nada que ver con las características psicológicas, sino de la naturaleza misma de las relaciones.

Lo segundo que afecta la fragilidad de un matrimonio es el ejemplo que reciben de sus padres. Si provienen de una familia disfuncional, este es un patrón que traen a sus relaciones románticas. No siempre sucede, pero suele ocurrir.

La tercera razón es la baja alfabetización sexual tanto de hombres como de mujeres. Malentendidos sobre la naturaleza de las relaciones sexuales, vergüenza, incapacidad para comunicar sobre los deseos sexuales o sobre lo que produce placer o desagrado.

Desafortunadamente, Internet y la pornografía que consumimos lleva a las personas a creer que lo que se aprecia allí es real y normal, creando expectativas infladas para los cónyuges, que son prácticamente imposibles de lograr.

La cuarta razón es la incapacidad para involucrarse en conflictos y resolverlos.

¿Qué es un matrimonio para toda la vida?

Puede parecer trivial y contradictorio al mismo tiempo, pero el secreto número uno para un matrimonio duradero es que ambos entiendan que tanto los hombres como las mujeres son diferentes y al mismo tiempo iguales. No se trata del conocimiento en sí mismo, sino de una comprensión profunda del concepto.

Muchas veces los hombres tratan de mantener a las mujeres bajo su escudo de armas. Tiene un efecto muy poderoso y destructivo. Por lo tanto, es necesario no solo saber, sino también comprender lo que es diferente. Es necesario estudiar psicología masculina, psicología femenina, características de las reacciones de estrés, resolución de conflictos, características biológicas. Es algo que hay que aprender y desarrollar. Tienes que aprender a estar en una relación. Es una exploración del otro y de nosotros mismos. Esto debería ser una prioridad si quieres estar felizmente casado.

La primera señal de una relación exitosa y armoniosa es entender que lo más grande que podemos hacer por nuestra pareja en una relación es trabajar en nosotros mismos, mejorarnos como personas y volvernos más saludables y psicológicamente saludables. La realidad es que muchos de nosotros llevamos el trauma emocional y los escenarios de vida negativos de las relaciones de la infancia a las relaciones en nuestra vida adulta. Todo esto invade la vida de la pareja, destruyéndola al final.

Nuestra primera relación en la vida es con nuestros padres. La forma en que se incrustan en nuestra mente se trasladará como papel de calco a una relación que ya es una sociedad. Por lo tanto, es necesario abordar el trauma emocional infantil y las situaciones negativas de la vida.

El trauma emocional en la infancia puede estar relacionado con escándalos entre padres, manipulación, desconfianza, incapacidad para comunicarse, divorcio. Los guiones negativos generalmente se heredan de una madre o un padre que tuvo una experiencia negativa personal y se transmiten a todos los miembros del sexo opuesto. Por ejemplo, los dichos populares "todos los hombres son cabrones", "no se puede confiar en los hombres", "las mujeres necesitan solo una cosa", "los hombres siempre son infieles" son todos falsos. Estas actitudes generalizadoras son la trampa cognitiva en la que cae la mayoría de la gente. Deben ser eliminados.

Nadie necesita de nadie

Como hemos descubierto, una de las características clave de una relación feliz es el esfuerzo de cada miembro de la pareja para mejorar individualmente.

Existen los que necesitan a una pareja para "ser alguien", dando a conocer sus fines egoístas. Esas personas suelen tener esta actitud: con una pareja "mi vida tendrá sentido", "quiero ser esposa/marido", "quiero ser madre/padre", "quiero ser feliz". Es decir, las personas anteponen su felicidad a la de los demás, se niegan a asumir la responsabilidad de su propio destino y bienestar personal, y lo dejan en manos de sus parejas. Es una actitud ingenua que conduce a la ruptura de las relaciones. Una persona en esta posición espera constantemente que su pareja sea lo que él quiere, y es muy difícil que una persona real supere a una persona de fantasía. Las personas solo deben ser responsables de su propia felicidad.

Una de las grandes señales de una relación armoniosa es cuando la pareja sabe que su felicidad personal depende solo de él. Esto no significa que no debas disfrutar de la relación, ni hacerle la vida agradable al otro. Pero si haces que tu felicidad dependa exclusivamente de lo que el otro hace, no la obtendrás.

Intimidad emocional

Enamorarse, no importa cuánto lo idealicen Hollywood y los escritores, es solo deseo sexual. No es una unión espiritual, no es amor, es un instinto integrado en nosotros que nos impulsa a reproducirnos para que la especie sobreviva. Cuando nos enamoramos, rompemos el tabú de pudor, y nos entregamos al otro.

Como mencionamos anteriormente, enamorarse se basa en conexiones de dopamina. Esta es una parte importante de la vida que proporciona mucha experiencia. El enamoramiento es un fenómeno temporal, pero el amor puede durar toda la vida. Este es el siguiente nivel en la relación entre socios: el vínculo de oxitocina.

Las parejas tienen dos fundamentos: el primero es la intimidad emocional y el segundo son las relaciones sexuales de alta calidad. La intimidad emocional se crea y se mantiene con un esfuerzo consciente. Cuanto más tiempo pasa una pareja junta, más confían el uno en el otro, se abren el uno al otro, no les temen a los conflictos ni al rechazo cuando dicen la verdad. Cuanta más oxitocina, más fuertes emocionalmente. Entonces las personas se convierten en parejas reales, tienen sentimientos reales, amor real.

Una de las herramientas para mantener esta conexión emocional son las relaciones sexuales. Provocan la liberación de muchas hormonas, que también aumentan la intimidad. Pero solo el sexo de calidad puede mejorar una relación, no destruirla.

El sexo mecánico, la masturbación mutua, la simple liberación no conduce a una mayor intimidad emocional. Los socios simplemente se cargan entre sí o uno de ellos, pero, en cualquier caso, esta actividad sexual conduce gradualmente al enfriamiento y la distancia. Porque no queremos solo mecánicos. Si ese es el caso, todo se detendría aquí y la gente no competiría por el matrimonio. Pero queremos más intimidad, queremos pasión, queremos que el sexo se sienta especial y profundo.

Por lo tanto, con una fuerte conexión emocional y sexo apasionado, las parejas se vuelven armoniosas y más estables.

Saber jugar en equipo

Un matrimonio feliz no es un matrimonio que se deja vencer, sino un matrimonio que lucha. Una pareja debe ser capaz de tener un conflicto y usarlo para mejorar tu relación. Las parejas a menudo evitan las discusiones y piensan que son malas. Pero en realidad, esta es la única manera de desarrollar una relación. Entonces, aprender a lidiar con los conflictos es parte del trabajo que cada socio tiene que hacer. Si no se discute es porque uno de los dos está dominando al otro. Discutir se trata de revelar tu punto de vista y apoyarlo, luego escuchar a la otra parte y llegar a un acuerdo.

Amor enfermo: codependencia

Aunque no se considera un trastorno mental, es un rasgo de personalidad que afecta las relaciones de muchas personas con los demás. Me refiero a las personas codependientes.

Una persona codependiente se define como un individuo que ha perdido su sentido de independencia y cree que es su destino cuidar de otra persona. En otras palabras, cuando antepones constantemente las necesidades de los demás a las tuyas. Saber si somos o no codependientes es importante porque es el primer paso para establecer límites saludables y respetar nuestras propias necesidades. Debemos recordar que por mucho amor que sintamos, siempre debemos recordar donde uno termina y comienza el otro. Los casos más extremos se dan en quienes se involucran sentimentalmente con una persona con problemas sociales, como drogadicción, alcoholismo o vivir al margen de la ley, porque el codependiente cree que está destinado a cambiarlos, y si se esfuerza por completar la tarea, lo logrará. Pero lo que no entiende es que las personas cambian cuando quieren, no cuando tú quieres que lo hagan.

Pero también existen casos más leves de codependencia mezclada con un comportamiento noble o con buenas intenciones, como, por ejemplo:

• Si aceptas ayudar a un colega con su proyecto, incluso si eso significa renunciar a tu propia tarea.

• Si tu pareja es vegetariana. Así que no comes carne y además decides dejar los lácteos, aunque no te lo pidieron.

• Sus principales intereses se convierten en tu principal pasatiempo y haces tuyos a sus amigos.

• O cuando tu pareja comparte contigo sus preocupaciones y tú estás listo para darle posibles soluciones, pero ella te explica que solo quería desahogarse y que no necesita que les arregles nada, y tú mantienes silencio.

Y así innumerables situaciones que se ejecutan sin darse cuenta, elevando al otro a un altar, a la vez que se coloca uno sin saberlo en la posición de esclavo, esperando que lo quieran por el servicio que presta, no, por lo que uno es.

Y esta situación puede hacer que descuides tus propias necesidades y deseos. Afecta la autoestima, crea lo contrario de lo que se busca, que es una relación enfermiza, porque el deseo de estar tan involucrado en la vida de la otra persona es el deseo de controlarla, y por supuesto la otra persona se revela para aguantar. Esto en sí mismo genera conflicto.

Cabe aclarar que cierto grado de dependencia en una relación es saludable. Porque puede ser difícil pasar la vida solo, mientras que la mayoría de las personas prosperan en compañía y con apoyo social. En las relaciones saludables, las personas crecen individualmente, pero se escuchan y se apoyan mutuamente cuando realmente lo necesitan.

Ahora, qué causa la codependencia: como sabemos, las primeras experiencias familiares juegan un papel importante en la salud mental y emocional de por vida. En otras palabras, si el padre está incompleto, el niño paga los platos rotos cuando es adulto.

Imagina padres que permiten o alienten el abuso físico, emocional o sexual. Aquellos que ignoran las necesidades de sus hijos por su propio bien. Padres que no saben cómo enseñar límites saludables. Padres que dejan a la familia y la hacen temerosa de volver a ser abandonada en el futuro. El padre o la madre alternan entre el amor y la ignorancia, creando un apego ansioso al niño. Las críticas o el acoso de los padres o hermanos pueden causar inseguridad.

Podría nombrar muchas más situaciones, pero terminan influenciando a niños que piensan que sus necesidades no importan, o que al menos pueden esperar. Como resultado, aprenden a ignorar sus propios pensamientos, sentimientos o deseos para hacer felices a los demás o evitar que le dejen.

Entonces, ¿cómo lidiar con la codependencia? Al pensar en ello como un comportamiento aprendido, también podemos aprender a erradicar los rasgos que causan angustia y afectan las relaciones. Personalmente, si alguien se identifica a sí mismo y quiere superar la codependencia, le recomendaría la terapia con un profesional, porque este tipo de experiencia tiene dinámicas complejas, no siempre puede resolver en solitario y adecuadamente sus problemas y seguramente necesitará del apoyo de un profesional.

Pero si el tratamiento no es el primer paso que deseas tomar, esto es lo que debes hacer:

• Pasar tiempo a solas, porque nuestras relaciones con nosotros mismos son tan importantes como nuestras relaciones con los demás, nos permite conectarnos con nuestros sentimientos y reflexionar.

• Propiciar rupturas temporales con aquellas personas que atraviesan situaciones angustiantes y con las cuales uno se siente atraído a auxiliarlas. Esto permite analizar el grado exacto de ayuda que debemos brindar.

• Debes perseguir tus intereses: Al descubrir lo que nos gusta y lo que nos disgusta, podemos saber quiénes somos y qué queremos.

• Como siempre, debemos aprender a decir NO sin temor a pensar que hemos ofendido o que dejarán de amarnos. Finalmente, si bien es natural querer apoyar a los seres queridos, también es importante trazar una línea entre nuestras necesidades y las de los demás.

Capítulo 3
Resolver los problemas

El matrimonio es la relación más delicada que el mundo conoce y, en la mayoría de los casos, la más importante. Nuestra vida se ha vuelto muy estricta y agitada. Como resultado, muchas cosas salen mal y una de las áreas más importantes de la vida, estar juntos como pareja, sufre debido a nuestro estilo de vida poco saludable, antisocial y, a veces, sin sentido. Hay ciertas cosas en tu vida que necesitas saber y poner en práctica, de lo contrario no podrás disfrutar de todos esos momentos felices que te regala estar junto a tu pareja.

El objetivo de este libro es guiarte para hacer de tu matrimonio una relación más saludable y feliz. Necesitas saber que fortalecer tu relación matrimonial es muy importante para vivir una vida saludable y próspera, porque aquellos que no se preocupan porque ya tienen el anillo en su mano, se sorprenden cuando son abandonados, y su vida queda arruinada.

Cuando un matrimonio va bien, sus miembros se sienten relajados y tienen poco estrés en sus vidas. Este estrés reducido aumenta la productividad de la pareja y les permite concentrarse más en el lado emocional.

He recopilado información de muchas fuentes y luego intenté alinear todo para que puedas tener una mejor comprensión de ello.

Si estás pensando en entablar una relación de matrimonio o ya estás en una o incluso si tiene algunos problemas con el tuyo, debes seguir leyendo este libro y obtendrás respuestas a casi todas las preguntas que se te ocurran.

Casarse

El matrimonio trae tantas responsabilidades y cambios a tu vida que debes considerar lo siguiente antes de tomar una decisión:

• Elegir cuidadosamente a tus futuros socios

• Conocerte a ti mismo y a los demás en las áreas comunes.

• Saber que ya no estamos solos y que debemos vivir, amar y compartir.

• Estar dispuesto a adaptarse y afrontar los retos. Cada uno de nosotros tiene dos experiencias de vida: la vida de soltero y la de casado. Todos necesitan entender las muchas diferencias entre los dos, porque si no las entiendes y planeas vivir la vida de soltero para siempre, las cosas comienzan a complicarse; sobre todo si no cambias y te adaptas a las circunstancias del matrimonio y sigues asumiendo la responsabilidad mínima de la vieja rutina del tiempo.

Ahora, ahondemos en cada uno de esos preceptos:

- **Elige a tu compañero de vida con cuidado**

Lo primero y más importante es encontrar y elegir a una persona con quien pasar el resto de tu vida. Puede ser tan decisivo como el cielo o el infierno, pero a veces resulta increíblemente fácil de lograr. En cualquier caso, nunca debes precipitarte en una relación y comprometerte demasiado rápido. Las citas son importantes para mostrarte cuán diferentes son sus personalidades y cuánto necesitas adaptarte para sobrevivir en una relación. Si puedes estar seguro de que los dos están bien sincronizados y de que no hay demasiados conflictos en tu relación, entonces puedes confiar en tus sentimientos y avanzar hacia una relación más saludable y fuerte. Por el contrario, si piensas que a pesar de los conflictos entre ustedes dos, todo estará bien después del matrimonio, créeme, nada estará bien después del matrimonio, porque todo empeorará.

- **Conocer y conocerte**

Este es un aspecto importante que ayuda a elegir al candidato adecuado. En primer lugar, debes conocerte a ti mismo adecuadamente, comprender tus limitaciones, características de actitud, etc., y luego tratar de encontrar personas de un tipo similar. Conocerte a ti mismo significa mostrar siempre a los demás quién eres realmente. Es común ver a las personas usar "máscaras", mentir o inventar características personales cuando buscan una relación, pero eso no está bien.

Es importante llegar a conocer al otro profundamente haciendo preguntas simples sobre creencias, gustos etc. Estas preguntas específicas te permitirán comprender con más detalle la posición de la otra persona y los posibles problemas que puedan surgir a raíz del desacuerdo.

- **Vive, ama y comparte**

Si estás comenzando una nueva relación, debes darle a la otra persona el tiempo suficiente para que te conozca, y ese tiempo no solo incluye reunirse y comer juntos, hay muchas otras cosas que deben mostrarse el uno al otro. Nunca puedes mirar hacia ese futuro sin amor y cuidado en los primeros días. Estas son necesidades muy básicas para una relación, y no tenerlas significa que la otra persona no está lista para una relación o no tiene la confianza suficiente para dar el paso.

- **Escucha más y habla menos**

Escuchar también es otro aspecto muy importante de una relación, especialmente si se encuentran en la etapa de conocerse. Es importante escuchar a la otra persona y comprender su punto de vista sobre varios aspectos de la vida. A menudo se ve que las personas tienden a hablar más que a escuchar, pero tú debes ser igual en ambas cosas y, después de ser claro una vez, escucha al otro con atención y trata de saber qué está tratando de decirte. No solo tus opiniones valen.

- **Estar preparado para hacer algunos ajustes y enfrentar algunos desafíos**

Se entiende como algo que siempre sucede cuando se intenta establecer una nueva relación. Tendrás algunos problemas, pero si comienzas a entrar en pánico cuando suceda, las cosas solo empeorarán. Estas pequeñas dificultades de la vida y las diferencias entre los dos les permitirán saber cuánto se aceptan. Si él o ella no cumple con tus expectativas, debes considerar encontrar a alguien que sí lo haga. En cualquier caso, no debes vivir en una fantasía, nunca encontrarás a alguien que viva tus sueños porque son solo sueños. En la vida real, debes mantener la calma en estas situaciones y tratar de asegurarte de que la otra persona entienda que estás dispuesto a hacer sacrificios y hacer pequeños ajustes si es necesario para que la relación funcione.

Fortalecer la relación

En el capítulo anterior, cubrimos todas las cosas importantes que necesitas saber antes de comenzar una relación, pero ahora vamos un paso más allá y le contamos algunas cosas importantes para practicar en una relación

Es fácil hacer un compromiso o formar una relación, pero es muy difícil hacer que funcione. Si no comprendes algunos principios básicos de la convivencia, puedes sabotear la relación o perderte en las complejidades de la unión. Esto es especialmente útil cuando los cónyuges necesitan cuidarse mutuamente y tratar de hacer que sus vidas juntos sean más saludables.

- **Responsabilidad compartida**

La responsabilidad es lo más importante en una relación marido-mujer, pero algunas personas suelen malinterpretar este punto del contrato, pensando que todo en esta sociedad es responsabilidad únicamente del marido. Este no es el caso, ya que ambas partes apoyan por igual dicha relación. Si uno de ellos se siente irresponsable, las cosas empiezan a empeorar.

Ambas partes tienen diferentes tipos de responsabilidades. El papel de la esposa es más de apoyo, mientras que el marido tiene que manejar todo con delicadeza. Siempre ocurrirán pequeños malentendidos, pero si eres lo suficientemente inteligente como para asumir la responsabilidad de tus errores, estos malentendidos fortalecerán tu relación.

- **Agregar cuidado a la relación**

Cuidar y proteger son los comportamientos humanos que siempre nos gusta aceptar. Lo mismo se aplica a la relación entre marido y mujer, porque cuanto más se cuidan, más fuerte se vuelve el vínculo. Cuidar también es un acto recíproco, porque si no te preocupas por la otra persona, él o ella no se preocupará por ti. Cuidar no es algo difícil que no puedas hacer, pero involucra algunas cosas muy pequeñas. Por ejemplo, sería un lindo gesto para ella si pudieras llamarla desde el trabajo, preguntarle cómo está y decirle que siempre la recuerdas. Del mismo modo, si eres esposa, cuando tu marido llega a casa después de un día agotador en la oficina, tu sonrisa reconfortante es suficiente para asegurarle que lo has extrañado. Puede considerarse como una cuenta bancaria emocional y en esta cuenta debes depositar todos tus buenos sentimientos, gestos amables y palabras agradables. Si no inviertes suficientes fondos, no puedes esperar ningún retorno.

•   Cerrar la brecha de comunicación

La brecha de comunicación es otro factor muy importante que puede debilitar tu relación. La comunicación es clave en el vínculo amoroso; sin ella no podrás decirle a tu pareja lo mucho que te preocupas por ella o lo que sientes por ella. Cuanto menos hablas, menos sabes. Para conocerse mejor, es necesario hablar mucho y aprender tanto como sea posible. No tienes que preguntar solo sobre temas delicados, sino que puedes comenzar con conversaciones muy normales y tranquilas y pasar a algunos de los temas más complejos de la vida.

Como lo he dicho antes, hablar más y escuchar menos tampoco es bueno para las relaciones, porque entonces no se llegan a conocer bien. La mejor manera de comunicarse y conocerse es mantener la cabeza despejada y escuchar con atención. Esta mayor comunicación no solo ayudará a fortalecer la relación, sino que también ayudará a reducir los malentendidos de manera más efectiva, porque si algo sale mal, todo se puede discutir y las cosas se pueden resolver adecuadamente.

•   Dele a la relación su tiempo

El tiempo también es importante y debes asegurarte de dedicar suficiente tiempo a tu relación. La vida es ajetreada en estos días y la mayoría de las personas trabajan todos los días para sobrevivir y cumplir con los estándares de esta sociedad, pero en esta lucha por ganar dinero, las relaciones a menudo se pasan por alto y conducen a rupturas. Si eres un esposo o esposa que gana dinero fuera del hogar, debes mirar tu horario semanal y tratar de determinar cuánto tiempo pasas con tu familia o pareja. Sorprende a tu cónyuge a veces, llega temprano a casa del trabajo. Este pequeño gesto no te costará nada, pero hará tan feliz a tu pareja que pensará que te preocupas por su bienestar.

- **Confianza**

La confianza es otra cosa muy importante y se puede decir que también es uno de los sentimientos que deben cultivar el uno por el otro. Si no confías en tu pareja, no puedes esperar que tu pareja confíe en ti.

Todas las acciones anteriores son fáciles de cumplir en tu vida diaria, excepto las muy difíciles, que pueden hacer que tu relación sea muy fuerte y saludable si logran enfrentarlas con éxito. Una buena relación sin estrés también puede mejorar tu vida física, porque la tensión siempre es malsana.

Estabilidad

Los malentendidos y las faltas de comunicación son muy comunes en el matrimonio hoy en día, y la mayoría de estas cosas son causadas por una mala comunicación. Debes saber que la relación entre esposo y esposa es muy delicada y se necesita mucho cuidado y atención de ambos lados para llevarla en la dirección correcta.

Las siguientes secciones describen las necesidades básicas que deben satisfacerse para que tu matrimonio se vuelva más fuerte y satisfactorio.

• **Establece algunas reglas y apégate a ellas**

Vivir bajo el mismo techo puede ser difícil a veces, especialmente cuando provienen de diferentes familias, y hace que sea aún más difícil lidiar con todas esas diferencias que han construido en tu vida. Hay una manera fácil de ayudarte a vivir una vida sin problemas. Debes establecer algunas reglas en la casa y luego asegurarte de que ambos las cumplan.

A menudo se ve que las parejas son reacias a decirse lo que les gusta y lo que no, pero cuando pueden ser honestos el uno con el otro, se vuelve mucho más fácil. Por ejemplo, en lugar de sentarte en silencio en el asiento trasero del auto mordiéndose las uñas, simplemente dile a tu pareja que disminuya la velocidad, porque el simple hecho de asumir que él sabrá lo que tú piensas no hará que eso suceda. Asimismo, hay muchas otras reglas simples que puede seguir y que, si se siguen correctamente, pueden evitar muchos malentendidos.

• **Ayudarse unos a otros**

Vivir bajo el mismo techo requiere que ambos cumplan con ciertas obligaciones. Si eres esposo, definitivamente ayudas económicamente a la familia, pero al menos el fin de semana debes asegurarte de estar junto a tu esposa, porque ella también necesita un descanso.

Asimismo, si eres esposa, es tu responsabilidad hacer que tu marido se sienta lo más cómodo posible. Si recibes a tu cónyuge en casa con una sonrisa, hará que todo sea mejor y él sentirá que todo el esfuerzo laboral valió la pena; pero si empiezas a gritarle en cuanto entra o a nutrirlo de los problemas o de lo mal que se han comportado los niños, él no estará muy cómodo con regresar a tu lado. Lo mismo sucede si la esposa trabaja, o ambos aportan a la familia desde el exterior, serán los dos quienes se encarguen de los arreglos familiares.

- **Nunca dejes que el romance muera en tu relación**

Después de pasar un tiempo con tu pareja, la mayoría de las veces la relación se vuelve predecible y conocido. Incluso las personas quitan el romance por ser algo aburrido, pero eso no está bien, en su lugar debes tratar de mantener vivo el amor a lo largo de la relación. El romance es más que sexo en la cama, porque hay otras cosas que pueden hacer para mantener viva la relación. Si vienes de la oficina y ves una florería en el camino, es romántico llevar un racimo de flores simples, este pequeño y casi económico gesto puede hacer tu vida muy romántica y crear un ambiente íntimo en el hogar. Así que sigue haciendo gestos similares para mantener vivo el romance en tu vida.

- **Estabilidad financiera**

La estabilidad financiera es otra cosa que conduce a relaciones duraderas porque te coloca en un lugar muy estable en la sociedad y reduce en gran medida el estrés y la tensión diaria. Algunos hombres se quejan de que sus esposas no los apoyan cuando tienen dificultades financieras, pero eso no es cierto a menos que seas demasiado perezoso para esforzarte en cambiar tu situación económica.

Si eres sincero con la causa y haces todo lo posible por hacer lo mejor en la vida, no hay chica en este mundo que no te acompañe en tiempos difíciles, pero los problemas comienzan cuando dejas de intentar lo mejor. Siempre da lo mejor de ti y luego, puedes esperar apoyo de tu pareja. Similar es el caso de la esposa, que, si ve que su esposo no puede cumplir con todos los requisitos financieros de la familia, entonces debe buscar en colaborar con su esposo de todas las formas posibles.

- **Llevarse bien**

Como pareja casada, tienes que vivir con una realidad completamente diferente. Hay muchos compromisos y, al mismo tiempo, muchas cosas se hacen siempre en contra de la voluntad de uno, pero todo es por el bien mayor después. Si puedes hacer pequeños cambios para que esta nueva vida sea más fácil y saludable, siempre será una buena elección.

- **Piensa siempre en positivo y asume la responsabilidad.**

Si hay un malentendido, es algo comprensible, y no es solo de un lado, porque ambos son iguales en esta lucha. Este es un hecho que pocas personas pueden aceptar porque todos empiezan a culpar al otro y nadie acepta sus errores. Esta actitud necesita ser corregida y es pertinente aceptar con valentía que tal vez lo que dijo la otra parte era verdad, "Hice o dije algo mal, lo siento". Cuando dices esto y te das cuenta de que los errores son tuyos, será más fácil que otras personas acepten sus errores también. Debes ser positivo en tu relación y nunca pensar en el divorcio, sino buscar siempre una salida.

- **Felicidad incondicional**

Algunas personas asocian la felicidad con ciertas cosas, por ejemplo, si se van de vacaciones serán más felices porque están aburridos en casa. Esto no es así, porque la vida está llena de felicidad, solo hay que encontrar en ella los momentos más pequeños pero muy agradables. Por ejemplo, jugar baloncesto con niños también debería traer algo de felicidad. Del mismo modo, cuando tu hija te ayude en la cocina por primera vez, debería llenarte de alegría, como de otras cosas pequeñas. Hoy en día, las personas a menudo olvidan estos pequeños momentos felices y siempre buscan las grandes ocasiones, esta actitud tampoco es muy útil para las relaciones y puede generar estrés y tensión.

- **Si quieres que tu pareja cambie, cambia tú primero.**

Algunas personas siempre quieren integrar algunas cosas únicas en sus vidas, pero puede resultar que estas pueden volverse muy difíciles de integrar en la vida del otro. Esta no es la manera correcta de cambiar a alguien; en lugar de eso, debes iniciar el cambio en ti mismo y traer algunas modificaciones que le gusten a su pareja. Cuando hagas esos cambios en tu personalidad, tu pareja se sentirá automáticamente motivada a cambiarse a sí misma, porque sabrá que has respetado sus ideas, por lo que ahora es su turno de traer cambios a su vida.

- **El perdón puede hacer tu relación más concreta e invencible**

Como mencioné anteriormente, la vida se está volviendo muy difícil en estos días y no hay mucho tiempo para cuidarse unos a otros. La vida ajetreada también le quita generosidad y tolerancia a esta sociedad, y mires donde mires hay situaciones caóticas y extremadamente estresantes. Nadie está dispuesto a perdonar a los demás ni siquiera el más mínimo error. Si tú también tienes una actitud insensible, cámbiala por un propósito mayor y haz que tu relación sea más concreta. El perdón siempre ayuda a construir relaciones. Cuando perdonas a tu pareja por pequeños errores, él o ella te empieza a respetar más. El más pequeño malentendido nunca debe destruir tu matrimonio.

- **La espiritualidad puede traer armonía y humildad a su relación.**

Nuestras vidas se han vuelto demasiado materialistas, dejando poco espacio para la espiritualidad. No tienes que ser una persona religiosa para practicar la espiritualidad, solo tienes que ser muy directo con tus opiniones y hacer algunos ejercicios de enfriamiento mental para tratar de hacer que tu vida sea más pacífica.

Cómo evitar las discusiones

Sé fuerte

Los desacuerdos son parte de una relación, pero estas diferencias nunca deben romper la alianza porque hay que ser lo suficientemente inteligente como para encontrar una salida. Incluso algunos desacuerdos pueden fortalecer su relación porque les permiten conocerse mejor. Aquí hay algunos consejos para evitar cualquier tipo de desacuerdos y divorcios.

• Comprender las diferencias familiares

Puede haber muchos problemas en tu nueva relación, pero para resolverlos, debes comprender los diferentes antecedentes de los padres. Dos familias pueden tener muchos patrones y tradiciones diferentes y, para aceptarlos, tendrás que hacer algunas concesiones. También es un entendimiento mutuo que deben abrazar, y ambas partes deben participar activamente en este entorno.

• El apoyo emocional es importante

El apoyo emocional significa que necesitan aceptar las diferencias en la vida de otras personas. Hay un dicho que dice que tienes que estar de acuerdo para no estar de acuerdo. Este dicho es muy cierto, muy específico, y necesitas aplicarlo a tus relaciones diarias. También debes brindarle algo de apoyo a tu pareja y tener cuidado con tu posición. Tienes que entender que tienes que adaptarte desde ambos extremos. Tienes que hacer tu parte mientras dejas que los otros socios hagan la suya.

• Aceptar el desacuerdo es la mejor estrategia.

Puede haber dos situaciones aquí en tu vida en las que estés peleando o rompiendo en lugar de continuar reparando la relación; o puede haber otra situación en la que necesites resolverlo. En ese caso, debes estar de acuerdo en aceptar tu error. Esta es probablemente la solución más fácil a tu problema y también es muy efectiva. He visto a personas ser víctimas de su ego y nunca admitir que tienen un problema, sino que continúan jugando al echarle la culpa al otro, lo que empeora la situación. Evitar esta actitud y desarrollar una actitud de aceptación y responsabilidad puede salvar tu relación.

• Aclarar las cosas y luego escuchar a la otra persona.

Este es otro problema muy común que ocurre cuando hay un malentendido entre las parejas porque ninguna de las partes escucha a la otra y sigue expresando sus opiniones por separado. No es la forma correcta y nunca resolverá el problema, pero primero debes pensar bien las cosas (si tienes que alejarte, entonces hazlo) y luego comienza a escuchar a la otra persona.

Esto te permitirá ser más claro y escuchar al otro claramente, y puede hacer que las cosas sean más fáciles de entender. En resumen, puedes decir que necesitas ser un buen oyente y aplicar estas habilidades de escucha a tus relaciones.

• Sé siempre consciente de tus malentendidos

Este es otro error muy común, la mayoría de las parejas comienzan a culparse mutuamente y una vez que hay un malentendido, continúan trayendo todo del pasado a este malentendido. Esto debe evitarse ya que complica las cosas y siempre se debe tener en cuenta alguna ambigüedad. Quédate con el problema principal y trata de resolverlo como un solo problema en lugar de mezclar todos los problemas pasados no resueltos y mezclar la solución.

Consejos generales

Los consejos y técnicas anteriores realmente pueden ayudarte a salvar tu matrimonio y convertirlo en un vínculo muy fuerte entre dos almas. Hay algunas otras cosas importantes que realmente pueden ayudarte a convertirte en una verdadera alma gemela.

• Llegar a conocerse de una manera auténtica

Lo he dicho antes, es realmente importante conocerse, especialmente si van a pasar el resto de su vida juntos. Conocer las perspectivas y pensamientos de cada uno sobre diferentes cosas y en distintos escenarios. A medida que se van conociendo, deben estar preparados para enfrentar la confrontación y el desacuerdo, pero al mismo tiempo deben ser muy humildes porque sus puntos de vista serán cuestionados y tendrán diferentes opiniones. Es necesario mirar positivamente las posibilidades y considerar todos los aspectos. Si alguna sugerencia es posible, por favor acéptela humildemente.

• No te desesperes demasiado

Hoy en día, la mayoría de las personas provienen de familias rotas, y esta situación a veces los deja sin esperanza porque toman malas decisiones al buscar una familia. Es cierto que siempre debes luchar por una vida mejor, pero en esta lucha no debes olvidar que también está en juego tu vida y que elegir la pareja equivocada o algo así puede arruinar tu felicidad. Tómate tu tiempo y haz tu elección después de investigar un poco y, como se mencionó anteriormente, después de conocerse bien.

• Entender la perspectiva de otro

A veces es difícil entender la perspectiva de otra persona sobre las cosas, pero también es importante porque si no llegas al nivel exacto del otro, no podrás comunicarte y decir exactamente cómo te sientes. Para asegurarte de comprender la personalidad de la otra persona, ve a través de sus ojos y trata de pensar a su manera. Esto te permitirá expresar tus ideas con mayor claridad, también porque, comenzando a comprenderlas, podrás elegir los métodos e ideas que te resulten más convenientes y cercanos.

• Asume toda la responsabilidad por lo que dices y haces

Describo este hecho a lo largo del libro, y es igualmente importante que asumas la responsabilidad de tus acciones, palabras y otros gestos similares. Deben dejar de culparse mutuamente por los errores y malentendidos y estar preparados para asumir la mitad de la responsabilidad como pareja. Esto facilitará la relación y podrá resolver muchos problemas con mucha facilidad. Especialmente cuando ambas personas están dispuestas a aceptar sus diferencias, se vuelven realmente inseparables.

• Controlar el tiempo

Las personas siempre quieren que la otra persona siga siendo la misma, incluso después de 5 o 10 años, pero eso no debería ser así porque el tiempo cambia muchas cosas y también las personalidades. Debes aceptar estos cambios, de hecho, debes dar la bienvenida a los cambios que vienen con el tiempo. Si empiezas a resistirte a estas modificaciones, se volverá difícil para la otra persona y se resistirá a sus cambios. Entonces, para proteger y hacer crecer tu relación, nunca asumas que tu pareja seguirá siendo la misma de por vida.

• Creer y confiar son las claves para un matrimonio exitoso.

La fe y la confianza son dos hitos en la construcción de una relación matrimonial exitosa. Si estas dos cosas están presentes, tu vida será perfecta, y sin ellas, tu vida será más difícil de lo que piensas. Ambos sentimientos son mutuos, y cuando uno comienza a confiar en el otro, también te respetan y confían en ti. Esta es la naturaleza humana, si una esposa revisa el teléfono celular de su esposo y el historial de llamadas, el esposo también espiará a la esposa. Para evitar esto, manten la confianza y la fe como un catalizador en su relación.

El matrimonio es una fase complicada de la vida, especialmente al principio, porque te has comprometido con alguien a quien solo conoces desde hace uno o dos años, y tienes que pasar tu vida con esa persona. Suena como una situación muy difícil y la mayoría de las personas entran en pánico cuando están involucradas en ella, pero si controlas tus nervios y te mantienes humilde y calmado, todo marchará mejor de lo que piensas. Toda una vida puede valer la pena.

Las primeras etapas del matrimonio son memorables para algunas personas, mientras que otras no quieren recordarlas debido a las complejidades y dificultades que enfrentaron. En los párrafos previos, encontrarás soluciones y suficiente información para mejorar tu vida si estás planeando casarte o si ya los has hecho.

Mira tus manos. Los cuatro espacios entre los dedos están dedicados a una persona especial. Sin embargo, estar en una relación no siempre es un camino de rosas. Tarde o temprano, ambos encontrarán problemas o desafíos. Por lo tanto, existe una tendencia a que cualquiera de los dos suelte la mano del otro.

Tu vida amorosa

Cuando encuentras al amor de tu vida, todo parece perfecto, ¿verdad? El amor es tan mágico. Puede convertir un mundo gris en un mundo colorido, convertir una frente en una sonrisa y derretir un corazón frío. En el soneto de Edmund Spenser "My Love is Life to Ice", describe el amor como algo que puede cambiar el curso de toda una especie. En resumen, puede cambiar tu vida por completo.

Sin embargo, no todo queda como está. Teniendo en cuenta que nada en este mundo dura para siempre, tus sentimientos y los de tu pareja están destinados a cambiar en algún momento. Estos cambios son causados por problemas o factores internos o externos. Los factores internos son causados por sentimientos cambiantes hacia una pareja, mientras que los factores externos son causados por terceros, dinero, malentendidos sobre algo, celos, puntos de vista contradictorios sobre política, religión y otros.

Si te preguntas cómo suceden los divorcios y las separaciones, estos factores tienen la culpa. Sin embargo, depende de ti y de tu pareja dejar que estas situaciones ataquen tu relación. ¿Te sientes culpable porque te equivocaste o te cuesta perdonar a tu pareja porque te traicionó? De hecho, estas preguntas pueden llenar tu cabeza y tu corazón con una terrible confusión, pero si terminas haciendo lo correcto, no serás perseguido por las malas decisiones que tomaste.

¿Está tu relación pendiendo de un hilo sobre un precipicio? ¿Quieres aferrarte a él? Bueno, mientras las aguas cubran el mar y el sol salga por el este y se ponga por el oeste, no es demasiado tarde. Solo necesitas tener un buen plan de rescate de relaciones que te ayudará a salvar tu vida amorosa. Con esto podrás tomar las decisiones correctas y mantener tu vida encaminada.

La importancia de una relación sana

En la creación, Dios primero creó al hombre. Al verlo solo, creó a la mujer. Simplemente demuestra que los hombres y las mujeres deben disfrutar de la compañía del otro y mantener una relación saludable.

¿Qué significa una relación sana y por qué es importante?

Relaciones saludables

Una relación saludable significa que tú y tu pareja pasan por un proceso de dar y recibir. Así, todo se equilibrará y ninguno de los dos se sentirá privado porque satisface las necesidades del otro. Además, si ambos trabajan en equipo, podrás ver que tu relación es realmente sana. Recuerda siempre que se necesitan dos personas para bailar un tango. En otras palabras, debes cooperar y trabajar duro en todo lo que es importante para tu vínculo amoroso.

Una relación saludable también depende de la salud de ti y tu pareja. No se limita a la aptitud física; de hecho, este aspecto no es importante para una relación sana. La salud mental y espiritual es en realidad el factor más influyente para promover la felicidad en cualquier relación.

Salud espiritual

Generalmente, la mayoría de las personas asocian la espiritualidad con la religión. Poco saben que hay un mundo de diferencia entre los dos. El primero está relacionado con la forma en que uno trata a los demás, mientras que el segundo está relacionado con las costumbres, los rituales y las tradiciones religiosas. Ser amoroso y amable con los demás solo puede mostrar tu salud mental. Pero si abusas de las personas y te aprovechas de sus debilidades, significa que tienes mala salud mental. Dado que una relación es una interacción entre el crecimiento y la unidad de dos personas, la salud mental de cada persona es fundamental. Lo más interesante de la salud mental es que aquellos que no están mentalmente sanos a menudo se encuentran en relaciones con personas psicológicamente enfermas (manipulador/persona con baja autoestima). Este tipo de conexión puede dar lugar no solo a condiciones insalubres, sino directamente dañinas.

Es común que las personas se apoyen en el hombro de otra persona cuando están deprimidas, pero si lo hacen con alguien que irradia energía negativa, pueden terminar en una relación destructiva para ambos.

Dado que siempre estamos buscando nuestro propio reflejo, es cierto que las personas con buena salud mental y psicológica pueden encontrarse con personas negativas, a quienes alejarán de sus vidas lo antes posible. Si no lo hacen, comienzan a drenar su salud hasta que se enferman.

Comprender estos conceptos fundamentales te dará un camino para experimentar una relación saludable, no solo con tu pareja romántica, sino también con tus amigos, compañeros de escuela, familiares y compañeros de trabajo. De vez en cuando, ¿te encuentras en una relación poco saludable? Si es así, entonces es hora de hacer algo de auto-introspección. Concéntrate en tu salud mental. Si no puedes examinarte a ti mismo, es ideal que obtengas ayuda de amigos, familiares o expertos de confianza.

Lo más importante a tener en cuenta es que si deseas tener una relación sana, tú mismo debes estar sano. No puedes confiar en que otra persona lo haga por ti. Personas con buena salud no elegirá permanecer en una relación con personas enfermas. Por lo tanto, es importante reparar las piezas rotas hasta que puedas sonreír con alegría y confianza frente al espejo. Recuerda siempre la regla de oro, "respétate a ti mismo y no permitas que otras personas te utilicen o se aprovechen de tus debilidades". Ten la voluntad de ayudar a alguien sin esperar nada a cambio. Cuando seas capaz de hacer eso, tarde o temprano te encontrarás con una persona que tiene la misma actitud contigo. A su vez, ambos experimentarán la relación más fuerte, increíble y saludable que jamás haya existido.

Salud mental

La salud mental es la forma en que una persona se comporta y se percibe a sí misma. Lo llamamos autoestima, amor propio. Es cierto que esta salud generalmente está influenciada por estímulos externos, pero aún depende de cómo una persona se ve y se evalúa a sí misma. Cómo reaccionas, maduras y te desarrollas ante estas experiencias determina tu salud mental. Con solo mirarlo de esta manera, es más fácil comprender cuán importante es la salud mental para una relación sólida.

Si una persona no tiene una relación fuerte consigo misma, no podrá crear una relación sana y duradera con otra persona. La Biblia dice: "Ama a tu prójimo como a ti mismo"; no dice "más que a ti mismo"; por lo tanto, primero debes aprender a amarte a ti mismo, comprender qué es este sentimiento y luego brindárselo al otro.

Asegúrese de entender cuál es el problema

La causa más común de problemas o conflictos en cualquier tipo de relación es la incomprensión. Esto es algo inevitable porque los humanos viven en un mundo imperfecto. Si estás teniendo problemas en tu relación en este momento, no pierdas la esperanza porque aún puedes solucionarlos. Recuerda siempre que un cerrajero nunca fabrica una cerradura sin una llave.

Entender el problema

El error más común que cometen las personas en las relaciones es que, en lugar de enfrentar la incomodidad, tratan de evitarla. Los problemas son inconvenientes que te seguirán donde quiera que vayas. Entonces, la solución más inteligente es enfrentarlos.

Las relaciones románticas, especialmente entre marido y mujer, son muy complicadas. La incapacidad para comprender o descubrir las razones del desacuerdo entre ambos conducirá inevitablemente a la separación o al divorcio. Por lo tanto, es importante que al menos uno, y si es posible, ambos, sepan cómo se supone que debe funcionar la relación. Esta comprensión conducirá al éxito a largo plazo.

Diferencias de género

La clave más importante para entender esta relación es conocer las diferencias entre sexos. Los aspectos físicos, por supuesto, varían mucho, pero los más importantes son las cualidades mentales y emocionales.

Una de las principales diferencias que enfrentan ambos socios en la relación es la forma en que resuelven los problemas. Por lo general, se acercan a la resolución desde diferentes ángulos. Cuando las mujeres se enfrentan a un determinado dilema, lo abren a otras personas con gran detalle. Visitarán a sus amigas y hablarán sobre el conflicto y solicitarán opiniones y consejos. La principal razón de por qué a las mujeres les gusta hablar de todos sus problemas es que esta es la forma en que los resuelven. Para los hombres, esto es algo muy difícil de entender porque piensan que a las mujeres les gusta ir al fondo del asunto concentrándose en el problema. Lo que no entienden es que las mujeres solo están examinando los ángulos y su percepción sobre cada ángulo, con la expectativa de que aparezca una solución ideal.

En cambio, los hombres eligen guardar sus problemas para ellos mismos y pensar profundamente en cómo encontrar soluciones. Una vez que han encontrado lo que creen que es la mejor solución, comenzarán a discutir el problema real y la solución con sus amigos. Esta situación demuestra que las diferencias entre hombres y mujeres pueden ser un gran escollo a la hora de resolver situaciones difíciles.

Un hombre puede cansarse de que las mujeres hablen de sus problemas, sin saber que esa es su propia forma de buscar soluciones. Por otro lado, una mujer puede percibir a un hombre como insensible porque no habla. De hecho, lo ha pensado, pero no está listo para discutirlo hasta que haya encontrado la solución adecuada. Culturalmente, esta persona ha sido criada para ocultar sus sentimientos y luchar; entonces piensa que tener que compartir un obstáculo con su cónyuge lo pone en una posición débil y vulnerable. Ellas necesitan entender esta actitud.

Otra gran diferencia en la comprensión de estas relaciones es que, a veces, las mujeres discuten temas sobre los que no quieren ayuda ni consejo. Solo quieren quitarse la carga de los hombros. Es un concepto extraño para los hombres. La mayoría de los hombres hablan de algo con un propósito. Básicamente, cuando un hombre aborda un problema, es para solucionarlo. Los hombres realmente no entienden por qué las mujeres siguen hablando, pero no hacen ni dicen nada para arreglarlo. De hecho, quieren ser escuchadas para poder desahogar sus sentimientos.

En una relación, sucede así: un hombre escuchará lo que una mujer tiene que decir e inmediatamente ofrecerá una solución a sus problemas. Cree que ha hecho su parte como socio. Pero para su sorpresa, la mujer dice que él no escucha ni entiende sus sentimientos. Esto es solo un ejemplo y no se aplica a todas las situaciones, pero es cierto en la mayor parte. Las mujeres quieren hablar en voz alta, sobre todo, mientras que los hombres quieren guardar silencio. La próxima vez que desees responder con naturalidad en una discusión, simplemente escucha y trata de comprender a tu pareja. De esta manera, será posible evitar disputas y malentendidos.

Examínalo detenidamente

Los malentendidos, los desacuerdos y las malas habilidades de comunicación pueden ser fuentes importantes de distanciamiento e ira. Administrados adecuadamente con una comunicación saludable, pueden ser un trampolín hacia mejores relaciones y un futuro más brillante. Por lo tanto, es muy importante desarrollar tus habilidades de comunicación.

Aquí está cómo hacerlo:

Enfoque: A veces es fácil sacar a relucir problemas no resueltos del pasado y relacionarlos inútilmente con el presente. Desafortunadamente, esto enmascara el problema real y hace que sea imposible encontrar una solución al problema. Para una comunicación sana con tu pareja, no hables de heridas y problemas del pasado. Si se enfocan en el presente, podrán entenderse.

Escuchar con atención: las personas a menudo piensan que están escuchando, pero en realidad están pensando en qué decir a continuación cuando la otra persona deja de hablar. El diálogo eficaz es una calle de doble sentido. Aunque puede ser difícil para ti, debes escuchar lo que habla tu pareja. No te atrevas a interrumpirla y no te defiendas. Al hacer esto, lo entenderás mejor.

Conocer la perspectiva de la pareja: en cualquier conflicto, las personas siempre quieren ser comprendidas y escuchadas. Expresan sus pensamientos para que los demás puedan ver las cosas como ellos. Irónicamente, cuanto más insisten en su punto de vista, más se les malinterpreta. Si esto continúa contigo, es hora de terminarlo. ¿Por qué no conoces la opinión de tu pareja para sentirte escuchado? A cambio, él/ella hará lo mismo por ti.

Responder las críticas con empatía: cuando tu pareja te critica, es fácil pensar que estás equivocado, por lo que te pones a la defensiva. Por más doloroso que pueda ser escuchar, es muy importante ser consciente del dolor de tu pareja y responder con sensibilidad a sus sentimientos. También debes averiguar la verdad sobre lo que te dijo porque podría ser un detalle valioso para ti.

Admitir errores: La comunicación solo es efectiva si aprendes a admitir tus errores. Si la responsabilidad del problema es compartida, reconoce tu parte. Esto remediará la situación y estimulará la madurez. Si lo haces, también inspirará una respuesta amistosa de tu pareja que les ayudará a conocerse y encontrar la solución adecuada.

Encontrar equilibrio: en lugar de intentar ganar la discusión, ¿qué te parece encontrar la solución adecuada que funcione para ambas partes? Recuerda siempre que una comunicación saludable implica encontrar una solución mutuamente satisfactoria.

No darse por vencido: si bien es una buena idea tomarse un descanso de la discusión, debes volver a ella. Pero asegúrate de que ambos aborden la situación con respeto mutuo y una actitud constructiva para llegar a una solución ideal. No renuncies a la comunicación a menos que sea el momento de dejar la relación.

Estos son solo algunos de los consejos más útiles que te ayudarán a desarrollar tus habilidades de comunicación. Siguiéndolos, puedes evitar discusiones largas y molestas con tu pareja.

Citas nocturnas

Las citas son algo que comienza con el noviazgo y debe continuar hasta el matrimonio. Con noches de citas semanales, se puede reavivar el amor mutuo y fortalecer la relación. En las siguientes secciones, aprenderás sobre las mejores ideas para convertir tu cita nocturna en un momento romántica imborrable.

Que no es una noche de cita

No pienses en una cita nocturna como una reunión de negocios, porque no se llamaría una cita. Esta noche especial debe ser sobre romance, amistad, diversión, emoción, relajación y unión. En resumen, no debes tener preocupaciones.

Planificar tu noche de cita con anticipación también es importante porque hará que ambos se sientan amados y honrados. No dejes tu estrategia para el último minuto de la noche, o si has estado ocupado esta semana, reprograma para la próxima.

Ideas para citas nocturnas:

Planifica los encuentros

La cita nocturna es el momento perfecto para redescubrirte a ti mismo. Seguramente evocará el espíritu romántico donde sea que planees pasarla. Si no has tratado de vincularte con tu cónyuge debido a tu apretada agenda, ahora es el momento de comenzar.

Al planificar noches de citas semanales, tu relación se volverá más saludable y más fuerte a lo largo de los años. Este es el secreto de una vida matrimonial feliz. ¿Por qué no empezar a planificar ahora?

Volver a ser un niño

La mejor manera de disfrutar el tiempo juntos es volver a ser niños. ¿Por qué no comprar entradas para tu acuario o zoológico local? También puedes comprar pistolas Nerf para una batalla divertida o armar una carpa en el jardín para acampar. Si te gustan los juegos de mesa, los hay desde los más inocentes, a los más complicados. Una partida de póquer con una copa de vino puede resultar muy atractivo. Esta es la forma perfecta de disfrutar de una cita nocturna.

Entrevista a tu compañero

Si tú o tu cónyuge han estado ocupados en el trabajo en las últimas semanas, pueden entrevistarse para aprender algo nuevo. Para que la entrevista sea más interesante, hale preguntas inusuales mientras comen bocadillos y cócteles. Hacer preguntas de sondeo y tomar notas es muy importante. Puedes sorprender y entretener a tu cónyuge haciéndole un regalo basado en su respuesta. Esta es una de las mejores ideas para una cita nocturna y seguramente llenará tu noche de risas.

Cambiar la negatividad

Otro de los elementos que destruyen al matrimonio es la infame postura propia hacia la vida; o sea, ser pesimista en todo momento.

Uno de los peores asesinos de relaciones son tus propios pensamientos. Cuando empiezas a pensar negativamente sin ninguna base, tu relación se desmorona. Si eres del tipo de persona que piensa negativamente de los demás y de tu pareja, entonces tienes problemas; ellos no.

Causa raíz de la negatividad

Si siempre sospechas que tu pareja te está engañando, o si piensas que te va a dejar pronto, entonces no estás siendo honesto con él o ella. Piensas como si supieras exactamente lo que sucederá en el futuro. ¿Eres un adivino? Oye, no existen las conjeturas en una relación; tú debes trabajar en la construcción del futuro de tu relación.

Pero, ¿cuál es realmente la causa fundamental de la mentalidad negativa? Estos incluyen miedo, egoísmo, inseguridad, duda, desconfianza, etc. Estos son comúnmente el resultado de una salud espiritual y mental poco saludable. Siempre ten en cuenta que lo que tu mente puede concebir, tu cuerpo lo puede lograr. Esto significa que lo que piensas es lo que obtienes. Cuando pienses negativamente en tu pareja, serás tú quien destruya su relación porque también comenzarás a actuar negativamente. Por lo tanto, es importante cambiar tu mentalidad negativa antes de que sea demasiado tarde.

Cómo cambiar la negatividad

Vivir una vida llena de amor, confianza y positividad te dará el coraje para enfrentar lo que se te presente. En otras palabras, debes ser mental e intelectualmente fuerte. Como se mencionó en el capítulo anterior, estas son las claves para una relación sana, fuerte y duradera.

Para cambiar el pensamiento negativo, también debes confiar en tu pareja. Créele cuando te diga que te ama. La confianza es una de las piedras angulares de una relación sólida. Sin embargo, asegúrate de que el amor y la confianza que ambos se brinden siempre sea comprobable con el actuar, para que no salgan lastimados cuando las cosas salgan mal. Siempre tómate tiempo y gratitud para ti mismo para que, pase lo que pase, te mantengas fuerte y saludable. Además, puedes cambiar tu pensamiento negativo aprendiendo más sobre tu pareja. Al hacer esto, puedes confirmar tus sospechas o avergonzarte por acusarla de algo que no hizo. Estas son solo algunas de las formas de cambiar el pensamiento negativo y convertirlo en positivo. El optimismo puro te ayudará a superar cualquier desafío y será un trampolín para relaciones sólidas y duraderas.

Recuerda por qué te enamoraste

Los desafíos pueden hacer o deshacer una relación. Si sientes que no tienes nada más a lo que aferrarte, mejor piénsalo de nuevo. No tomes ninguna decisión cuando estés enojado porque definitivamente te arrepentirás al final. Si ninguno de los dos parece ser capaz de manejar su relación, ¿por qué no se toman un tiempo para alejarse el uno del otro? De esta manera podrás darte cuenta de tus errores y saber si todavía quieres una pareja en tu vida.

Viaje en el tiempo

La primera forma de saber si aún vale la pena salvar tu relación es recordar cuándo la viste por primera vez y te enamoraste. Si viajas a través del tiempo y del espacio, existe una buena posibilidad de que el amor mutuo se reavive. También podrás recordar los momentos felices y tristes que compartiste y cómo los superaron. Además, también necesitas averiguar por qué te enamoraste. En realidad, te dará la confirmación si todavía tienes que esperar e intentarlo de nuevo.

¿Te enamoras de él/ella por sus cualidades positivas que no encuentras en nadie más? ¿Te defiende a toda costa, incluso si su vida o su reputación están en juego? ¿Te enamoras de él/ella porque te hace mejor persona y hace que te des cuenta que eres especial? ¿Te hizo sentir más feliz? Cuando encuentres las respuestas a estas preguntas, tu corazón te dirá qué hacer a continuación. Pero no olvides usar tu cabeza porque reprenderá a tu corazón en el momento en que te salgas de control.

Entiende que solo puedes cambiarte a ti mismo

¿Sabías que el problema no es la relación en sí, sino las personas involucradas en la relación? Por lo tanto, debes averiguar qué es lo que está mal contigo y hacer cambios. De esta forma, puedes salvar un matrimonio que está a punto de colapsar.

Producir los cambios en uno

Crear tu propio cambio es un proceso de autoayuda. Así que aquí hay algo que nadie más puede hacer por ti. Es una elección, una decisión y un trabajo duro. Sin embargo, esto no es algo que puedas hacer en un día; requiere tiempo, paciencia y templanza. Para lograrlo, debes reconciliarte contigo y admitir tus propios errores. En pocas palabras, debes olvidarte de tu orgullo enviándolo al infierno.

Cambiarte a ti mismo es un proceso muy difícil, porque antes de actuar, tienes que pensar cien veces. Como resultado, te sientes atrapado porque tienes miedo de repetir el mismo error. Ten en cuenta que este no debería ser el caso. Como cualquier otro proceso, cambiarse a sí mismo es algo que debe hacerse paso a paso. No te esfuerces porque puede conducir a la autodestrucción. Cuando intentes cambiar, también puedes buscar la ayuda de quienes te aman, como amigos, familiares o socios. Si bien no pueden cambiarte, pueden ayudarte. El amor, como dicen, se mueve de maneras misteriosas.

Aprende a tener cuidado

Nadie es perfecto y todos cometemos errores. No olvides que los humanos somos pecadores por naturaleza. En una relación, no siempre tienes la razón y tu pareja no siempre está equivocada. Si surgen problemas o conflictos, ambas partes son responsables de una forma u otra. Entonces, ¿por qué deberíamos ser considerarnos unos con otros? Es un acto de humildad.

¿Qué significa ser considerado?

Tarde o temprano tienes que ser comprensivo si no quieres que tu relación se desmorone o se convierta en cenizas. Ser considerado significa aceptar disculpas y aprender a decir "está bien", especialmente cuando tu pareja comete errores involuntarios. Ser un mártir, por otro lado, significa permitir que tu pareja abuse de ti cometiendo errores deliberadamente una y otra vez.

Ahora la pregunta del millón es ¿por qué se debe ser considerado? La respuesta a esta pregunta es simple: salva tu relación. Se necesitan dos personas trabajando juntas para que un vínculo amoroso supere la prueba del tiempo. Al ser considerado, no le das a tu pareja la oportunidad de cometer el mismo error nuevamente, sino que le das a tu relación una segunda oportunidad. Lo bueno de ser atento es que podrás obtener el nivel de atención que sientes por tu pareja cuando sea apropiado y cuando lo necesites.

Como se mencionó anteriormente, la naturaleza humana es pecaminosa. Entonces, en algún momento, estarás en situación de cometer errores y esperar la misma comprensión y paciencia.

Pero espera. ¿Y si es tu pareja quien te engaña? ¿Todavía deberías considerarla? Bueno, eso depende. Por supuesto que tienes que darle la oportunidad de explicarse. Después de eso, el resto será historia. Solo tú puedes decidir. Solo asegúrate de que, sea cual sea la decisión que tomes, no te arrepentirás por el resto de tu vida.

Busca ayuda profesional si es necesario

Con más y más parejas que se separan y se divorcian, tu relación siempre está en riesgo por esta amenaza, porque las personas son vulnerables a las cosas nuevas que aparecen en el horizonte y el mundo no es perfecto. Si sientes que tu relación no tiene reparación porque han pasado muchas cosas, no te rindas tan fácilmente.

¿Qué es un buen experto en relaciones?

Las personas enfermas buscan ayuda médica para el tratamiento. Ahora, si tu corazón está roto, necesitas buscar la ayuda de un especialista en relaciones para sanar. Los especialistas en relaciones tienen muchos años de experiencia asesorando a personas con problemas familiares. También es licenciado en psicología, porque asesorar a las personas requiere una comprensión profunda de los patrones de comportamiento y pensamientos. Además, un especialista en relaciones debe tener la capacidad de escuchar y el corazón para servir. Con estas cualidades y calificaciones, puede dar el mejor consejo de relación a los clientes y ayudarlos a tomar el camino correcto.

Muchas personas que buscan la ayuda de expertos en relaciones piensan que son magos que pueden arreglar todo en una sola sesión. No, así no. Al final del día, tú y tu pareja aún decidirán si continúan en la relación. Lo que hace un experto en relaciones es ayudarte a tomar buenas decisiones y resolver problemas. Te hará dar cuenta de que el verdadero problema no es el problema en sí, sino tu actitud hacia él.

Un terapeuta también ofrece consejos y sugerencias sobre los problemas en tu relación. En el momento en que busques ayuda de uno, debes hablar de manera abierta, sin ocultar nada, y él te escuchará y sabrá como guiarte.

Elegir al especialista en relaciones

Para no perder dinero y tiempo con un mal especialista, es importante saber encontrar al adecuado. Puedes solicitar referencias de familiares, amigos o vecinos que ya hayan trabajado con un especialista en relaciones familiares. También puedes hacer su investigación en línea y encontrar a los mejores expertos locales con solo unos pocos clics.

Será un soplo de aire fresco cuando encuentres a la persona adecuada para consultar y confiar tus problemas de relación.

Capítulo 4
El primer año de la pareja

Sobrevivir al primer año de matrimonio cuando son una pareja nueva puede ser un desafío, especialmente si todavía están aprendiendo sobre la otra persona. Generalmente, es mejor conocer a alguien antes de casarse, pero todos sabemos que no es así como suceden las cosas en la vida. Conoces a alguien especial que derrite tu corazón y lo siguiente que sabes es que estás perdidamente enamorado de él. Ya has estado pensando en casarte y en hacer las cosas demasiado pronto. Lo hemos visto tantas veces antes con parejas de todo el mundo.

Si ustedes dos ni siquiera han vivido juntos todavía, existe una buena posibilidad de que las discusiones ocurran más adelante en la relación una vez que se muden juntos. A menudo vemos esto en muchas situaciones. En realidad, se lo conoce como las "etapas" en la relación.

Cada unión pasa por una etapa, sin importar qué tan cerca esté de la persona. Puede que seas una persona quisquillosa que prefiere que todo esté impecable, mientras que tu pareja simplemente tira su basura donde sea que esté parada.

Pueden surgir otros problemas, como los momentos de intimidad, trabajar hasta tarde, salir con amigos o cómo se manejan los asuntos de la casa. Todas estas cosas pueden contribuir a cómo se llevan los dos.

Deben establecerse reglas para que ambos puedan vivir felizmente casados.

El matrimonio no es solo intentar sobrevivir. Es más significativo que eso. El matrimonio se trata de hacer sacrificios por la persona que realmente amas.

Cuando están enfermos, tú ocupas tu tiempo para cuidarlo. Si tu pareja está molesta porque sales mucho y no le prestas atención, debes dedicarle más tiempo. Hacer cosas pequeñas puede ser de gran ayuda y hacer que la relación sea menos dramática en el sentido de las discusiones.

Asegúrate de hacerle saber cada día a tu cónyuge lo mucho que significa para ti. Nunca se sabe cuándo los volverá a ver y por eso es tan importante.

Las habilidades de comunicación son uno de los aspectos más importantes del matrimonio. Si no puedes comunicarte con tu otra mitad, la relación está condenada al fracaso. Intenta hablar menos y escuchar más. O si eres de los que habla más y escucha menos, es el momento de prestarles tu oído. Tal vez tu cónyuge quiera que lo escuches para que sepas exactamente cómo se siente acerca de una determinada situación.

Para sobrevivir al matrimonio, primero necesitas saber cuáles son tus prioridades. El trabajo nunca debería ser tu primera prioridad, aunque tus padres podrían decir lo contrario. Tu cónyuge siempre debe ser lo primero. Después de todo, es la persona que comparte la casa contigo, prepara la comida, gana dinero extra para ambos, ayuda a cuidar a los niños y con la que tienes intimidad de vez en cuando.

Sobrevivir

Hay tantas actividades para hacer en el matrimonio y en esta época en que generalmente ambas personas trabajan. Esto es lo que hace que el matrimonio sea tan difícil porque los hombres no están acostumbrados a hacer las actividades que haría una mujer. Por ejemplo, la mayoría de los hombres se niegan a planchar la ropa o limpiar el baño. Realmente no es algo que harían. Y olvídate de plantar flores en el patio trasero. Ni siquiera se acercan a las flores.

Los hombres son entrenados por sus padres para trabajar duro y obtener una buena educación y así mantener a su familia. No son ellos los que pueden quedar embarazados. Por lo general, una vez que la madre ha dado a luz es cuando se emocionan. Un hombre necesita ver a su hijo para creer en la realidad del asunto. No entienden por lo que pasan las mujeres durante el embarazo y esperan que ella siga haciendo todo en el hogar.

Las mujeres son generalmente más emocionales y parecen hablar más que hacer las tareas del hogar. Si el inodoro gotea o el lavabo está roto, ¿adivina a quién llaman? Llaman a su marido en pánico. Las mujeres son buenas para hacer tareas domésticas como doblar la ropa, cocinar una comida deliciosa y vestirse bien para el baile al que su esposo las lleva después del trabajo.

Finalmente, al final del día, tanto el hombre como la mujer están en la misma cama. La mujer está leyendo su libro, concentrada intensamente. El hombre solo puede pensar en una cosa... y esa es la intimidad sexual. Esta es la única vez que comienza a hablar con ella, intentando el romance e incluso frotándola.

A veces funciona y otras no. Cuando los hombres se salen con la suya, por lo general se suben a la cima y hacen su trabajo. Después, su cónyuge simplemente se queda ahí, tratando de recuperar el aliento.

El problema es que el hombre ya se duerme sin decir te quiero ni nada que demuestre aprecio. Es como si nada hubiera pasado. Obviamente, esto se debe a que la mayoría de los hombres no son emocionales y simplemente hacen las cosas cuando quieren.

Dividir las actividades cotidianas y tratar de pasar tiempo juntos a nivel emocional o físico puede ser un desafío. Actualmente, esta es la razón por la que las parejas se encaminan directamente hacia el divorcio. Es porque no saben cómo comunicarse y ser justos con su cónyuge. Solo se necesita cooperación, escucha y un poco de empatía cuando se trata de la otra persona.

Dificultades maritales

Hay muchas dificultades en el matrimonio. Las más populares son las expectativas, la intimidad, las conexiones y el dinero. Todos estos problemas pueden causar problemas. El esposo puede gastar mucho dinero en juegos de azar y la esposa está muy molesta y solo quiere que deje de jugar. Necesitan este dinero para sus hijos.

Otro ejemplo son las mujeres. Está constantemente ocupada y estresada con las cosas del hogar, y el sexo es la menor de sus preocupaciones. Pero un hombre valora tanto la intimidad que sin ella puede sentirse alienado. Todas estas pequeñas cosas hacen que las parejas se peleen. Pueden estar enojados entre ellos y no quieren resolver sus problemas. Algunos pueden intentarlo, pero a veces el otro puede no ser tan receptivo. Esto es lo que hace que las relaciones sean tan difíciles.

Aquí hay cuatro defectos en el matrimonio:

• **Expectativas**: Cuando llegas a casa, tu esposa tiene grandes expectativas de ti. No quiere que dejes toallas en el suelo o que comas en tu habitación por miedo a las migas en la cama. No te excitará en absoluto. En cuanto a ti, quieres que tu esposa siempre tenga la cena lista para ti cuando llegues a casa y sea lo más sexy posible. Esto es lo que realmente te importa.

• **Privacidad**: Si has querido tener intimidad durante semanas y tu pareja está demasiado cansada para hacer algo contigo, es importante entender cómo se siente. En lugar de presionarla, demuéstrale que te importa dándole palmaditas suaves en la espalda. Es posible que tenga mucha presión laboral. Cuando se trata de intimidad, esto se aplica tanto a hombres como a mujeres.

• **Conexión**: Conectar con tu pareja es muy importante. Si ustedes dos tienen una conexión profunda, no hay lugar para la separación o el divorcio. La mayoría de las parejas relacionadas tienden a entenderse mejor. La compasión y la empatía van de la mano en esta relación. Si tu pareja está molesta, tú también lo estarás. A veces, una pareja puede tardar meses o incluso años en sentirse realmente conectada, dependiendo de cuánto tiempo hayan estado juntos.

• **Dinero**: Desafortunadamente, los problemas financieros son una de las principales causas de divorcio. Si ambos están luchando con sus finanzas y las cuentas se acumulan, la relación será tensa.

Posibles soluciones a los problemas matrimoniales

El matrimonio tiene muchas ventajas. Su relación se fortalecerá si trabajan juntos para resolver cualquier problema que surja.

Solo si solo uno de los dos está dispuesto a acudir a un consejero o hablar sobre los dilemas del matrimonio, será una calle de un solo sentido. Esto significa que el matrimonio no podrá progresar. El trabajo y la intención debe ser de a dos.

Es importante que tu otra mitad sepa por qué quieres que cambien ciertos hábitos en la relación. Dile que hablas en serio y que, si las cosas no se modifican, es muy posible que solicites el divorcio. Tu cónyuge verá que estás hablando en serio y querrá cambiar algunos de sus hábitos.

Soluciones

Es fácil encontrar soluciones en un matrimonio, pero no siempre es fácil ceñirse a esas salidas.

La otra persona puede decirte que no puede cambiar, incluso después de intentarlo. Algunas personas están en un punto de su vida en el que realmente no quieren cambiar. Algo tiene que desencadenar un fuerte deseo de modificar los hábitos. La mayoría de las veces, este deseo es salvarse y mejorar la vida de la familia.

Debes comprender que no todas las ideas que se te ocurran funcionarán cuando se trata de posibles soluciones matrimoniales. Por ejemplo, si decides abrir cuentas bancarias separadas debido a los hábitos de gasto de tu esposa, es posible que incluso te pida que le prestes dinero. Esto crea tensión en el matrimonio cuando ves que sus hábitos retroceden y esto lleva a discusiones. Quizás no la esposa esta vez. Su esposo a menudo visita en secreto sitios pornográficos en casa. Su excusa es que nunca estás cerca de él.

Hazle saber que no está bien hacer eso y la próxima vez que lo haga, debe irse por unos días. Una vez que regrese, concéntrate en la intimidad en tu relación. ¿Estás demasiada cansada para tener intimidad con él? Concéntrate en sus necesidades más temprano, antes de que ambos se vayan a la cama. Hazlo divertido y no actúes como si fuera una tarea. Apostamos a que ambos se disfrutaron el uno del otro cuando entraron en la relación por primera vez, ¿verdad? Al traerlo de regreso a esa época, él lo apreciará y fantaseará contigo más seguido. Si no lo hace, puede que sea hora de dejarlo pasar, ya que esta no era realmente su excusa para ver pornografía.

Tipos de educación matrimonial temprana

¿Conoces los tipos de educación matrimonial temprana? Hay aproximadamente cinco etapas del matrimonio: conocerse, lidiar con los problemas, discutir, superar esos problemas, concentrarse en los niños y tener un matrimonio exitoso.

Suele tardar muchos años. Sin embargo, algunas parejas son felices desde el principio. Han sido amigos durante tanto tiempo que entienden los hábitos de su cónyuge y ya no tienen que preocuparse por el matrimonio. Cuando esto sucede, queda claro que los dos están profundamente conectados.

Educación

Ahora bien, si estás experimentando problemas de relación, es posible que te encuentres en la etapa inicial de la "realidad". En esta etapa, solo estás comenzando a saber cómo se actúa en determinadas situaciones. Es posible que veas a tu esposo o esposa en su peor momento, cuando está enojado o molesto. Esta puede ser una situación aterradora, especialmente si no has visto este tipo de emociones en tu pareja antes. La mayor parte del tiempo, esto provocará discusiones en el futuro.

Repasemos algunos tipos de educación matrimonial temprana y los resultados de cada etapa:

- **Fase de luna de miel**

Casi siempre durante la fase de luna de miel, las parejas están tan enamoradas que el romance parece desvanecerse por sí solo. Esto se debe a que no tienen problemas en la vida. La mayoría de las parejas tienen actividades sexuales divertidas entre sí y disfrutan del romance. Este es el momento en que las parejas pueden hacer cosas juntas: salen a cenar, hacer ejercicio o ir de fiesta. La fase de luna de miel puede ser antes o después de la boda. Realmente depende de cuánto tiempo se haya conocido a la persona.

- **Fase de realidad**

En este punto, algunas parejas casadas se sienten perdidas e incluso comparan a su pareja con amantes anteriores. Empiezan a sentir que la relación está mal y que tal vez no sean compatibles con esta persona. Puede surgir tristeza, desilusión e incluso ira. Esto es completamente normal y la razón por la que las parejas experimentan esto es cuando los problemas comienzan a escalar. Las "malas" cualidades a menudo comienzan a mostrarse cuando el matrimonio no es muy cercano. Esto crea dolor e inseguridad en la relación. Por lo general, la fase de realidad dura hasta dos años.

- **Etapa familiar**

Las relaciones se vuelven más estrechas durante los años reproductivos, ya que pueden surgir algunos conflictos. En lugar de centrarse en el matrimonio en sí, todo se centra en los hijos. Los hombres y las mujeres trabajan más duro para lograr sus objetivos que en una cita romántica. Entienden que la planificación familiar requiere mucha preparación.

Cuando tienes un bebé, estás más cerca de él tratando de hacerlo feliz. Ahora pueden surgir problemas como cuando llora, visitas al hospital y preocupaciones financieras, pero ahora todos saben cómo lidiar con ellos una vez que haya pasado la fase de la realidad.

- **Fase de éxito:**

Si ustedes dos han estado juntos durante una década o más, es probable que hayan pasado por una fase de imprevistos. Por lo general, cuando sus hijos se convierten en adolescentes o adultos, ya ha vivido todo lo que posiblemente podría estar en un matrimonio. Es seguro decir que has encontrado un compañero de vida y que estarán juntos hasta el final. ¡Felicidades!

Consejos para recién casados.

¿Eres un recién casado que busca aprender las habilidades sociales básicas para que tu matrimonio prospere? Para ello, no puedes pedir demasiado a tu pareja, la comunicación es la clave. Es muy importante aceptar cómo se comporta tu pareja.

Habilidades blandas:

• Amor

Lo primero que mantiene unida una relación es el amor incondicional por la otra persona; aunque hay que aclarar que el amor "incondicional" solo se da entre padres hacia sus hijos, ya que los amarán pase lo que pase; mientras que, el amor de pareja siempre será "condicional" porque por más que se juren amor supremo, basta un solo problema para que se separen.

Si el amor se basa en la personalidad y no por la apariencia, ambos llegarán lejos en la vida. Tu esposa puede haber sido una mujer muy hermosa, pero luego no pudo recuperar su figura tras dos embarazos; pero la amas con pasión. En otra situación, amas absolutamente a tu apuesto hombre, pero la genética está en contra de él y tiene una gran barriga y una cabeza calva. Pero el amor continúa porque los une la misma personalidad inmutable. Él siempre fue un chico divertido y un buen oyente, y ella era una mujer con una sonrisa increíble y buen humor.

• Qué esperar

No importa lo que hagas, nunca es una buena idea regañar a tu pareja o esperar demasiado. Esto puede causar mucho estrés para ambos. Lo mejor es animarlos y darles consejos cuando lo necesiten.

Al hacer esto, los ayudarás a crecer como personas y desarrollar mejores hábitos. Si tu hombre era un desastre antes de conocerte, es posible que esté tratando de cambiar. En lugar de dejar caer tu abrigo al suelo, lo recogió. Esto definitivamente es una señal de progreso, pero no esperes que limpie toda la casa o lave la ropa.

• Ponerse en contacto

Es muy importante hablar con tu cónyuge. Si los dos no pueden discutir asuntos importantes, problemas o acuerdos en su relación, considera terminar el matrimonio.

Es posible que todavía estés en la fase de realidad de tu relación, en cuyo caso recién comienzas a darte cuenta de que tu pareja es muy tímida con las personas. Si es tímido contigo, anímalo un poco.

Debes hacer esto haciéndole preguntas y hablando de todo lo que te venga a la mente. Mejorará con el tiempo, así que trata de no preocuparte demasiado por eso.

Habilidades duras:

El matrimonio puede ser algo hermoso, pero poner habilidades duras en un nuevo matrimonio no es algo que todos quieran hacer. Sin embargo, debes hacer esto para asegurar el progreso de la unión matrimonial. Si no lo haces, el matrimonio está condenado y tiene muy poco con lo que trabajar.

Recuerda que la tierra fue creada para que las personas interactúen entre sí, y gran parte de nuestras vidas giran en torno a los recuerdos familiares. Esto es absolutamente invaluable para nosotros.

La familia siempre debe ser lo primero en lugar de privilegiar salir con amigos, trabajar demasiado o estresarse por pequeñas cosas que no tienen ninguna dirección hacia la relación. Tómatelo con calma y disfruta de tu tiempo. Se siempre firme con tu pareja incorporando habilidades duras en la relación. Aquí hay alguna:

• **Problema resuelto**
Cada vez que los dos salen a comer, es una batalla constante. Digamos que a ti te gusta comer comida

chatarra, pero a ella solo le gusta comer sushi. Odias absolutamente el sushi o cualquier cosa con pescado y arroz en salsa de soja. Te pones nervioso cuando finalmente sales a comer. ¿Qué tal turnarse para ir a dos restaurantes diferentes a comer lo que ambos quieran? O puedes pedir una cena para llevar o planificar un almuerzo romántico en el parque. Como puedes ver, resolver los problemas matrimoniales es muy importante.

• Pon a tu cónyuge primero.

Esta es probablemente la cosa más difícil de hacer porque la mayoría de nosotros somos seres egoístas. Pero si amas a tu cónyuge, hazlo por él. Descubre lo que quieren. Siempre puedes hacer espacio para sus necesidades en diferentes días. Habla con ellos si están estresados, tristes o enojados. Pregúntale a tu pareja si hay algo que puedas hacer para que se sienta mejor. Empezarán a respetarte más.

• Saber perdonar

Muchas veces en las relaciones, la esposa o el esposo hacen algo malo que molesta a los demás. Esto deja sentimientos de decepción, enfado, desesperación o incluso tristeza.

En estos casos hay que reprimir los sentimientos y hablar con el otro acerca de por qué hicieron lo que hicieron. Si se trata de un problema con las trampas, necesitarás saber por qué llegaron a eso. Muchas veces, cuando la gente engaña, lo hacen porque su cónyuge no les da lo que necesitan. La razón aparente es la falta de intimidad o la falta de emociones (lo que no lo justifica, pero si lo explica).

Los beneficios del matrimonio

Casarse tiene grandes beneficios para las parejas. Algunos de estos incluyen crecer como persona, aumentar el amor, poder compartir tus problemas con tu pareja e incluso ser financieramente estable mientras trabaja para ambos. El voto matrimonial significa estar juntos para siempre y estar ahí para tu cónyuge. Hacerlo te convertirá en una persona mentalmente sana y también te ayudará. Los niños pueden beneficiarse mucho de tu matrimonio porque todos sabemos el daño que le provoca a los niños cuando los padres se divorcian. Hazte un favor y no los sometas a esto. Lo mejor para tu futuro es tomarst el tiempo para hacer que funcione. ¡No te rindas!

Estos son algunos de los beneficios de estar casado:

• Vivir feliz

Serás una persona más feliz en la vida cuando estés con alguien a quien realmente ames. Después de todo, están ahí para reír contigo, animarte o estar para ti en tus momentos tristes. Puedes sentirte ansioso si tienes que ir al hospital por una enfermedad, pero te sentirás mejor si tu pareja está allí. Esto es solo un ejemplo de lo que estamos hablando. Con una pareja, no pasas por ciertas situaciones solo. Desafortunadamente, algunas personas viudas o recientemente divorciadas se vuelven frías e indiferentes a los demás.

• Proteger a tu hijo

Permanecer casado protege a tus hijos. Por ejemplo, muchas niñas sin padre pierden un apoyo emocional muy fuerte.

El padre estaba allí para brindarle amor, disciplina y protección de cualquiera que pudiera hacerle daño. Algunos niños también desarrollan depresión después del divorcio de sus padres. Los niños son preciosos y debes asegurarte de que estén cómodos. Ver a un niño crecer con tristeza interior puede muy bien desgarrar a un padre. La mayor parte del tiempo haremos cualquier cosa para hacerlos felices. Esto es más probable si el niño ve a sus padres juntos durante largos períodos de tiempo. De haber ocurrido lo contrario, podría ser una experiencia confusa y triste para quienes pudieran poner en peligro la vida del menor.

• Estabilidad financiera

Por lo general, se necesitan dos personas para mantener a una familia. Esto empeora las cosas si tienes hijos. Una madre soltera que trabaja en un solo trabajo puede tener dificultades para llegar a fin de mes debido a las facturas, los gastos de los niños y las visitas inesperadas al hospital. La falta de pago del alquiler puede incluso resultar en el desalojo. Sin embargo, ambos trabajan juntos y su posición financiera se estabiliza.

Consejos matrimoniales

Aquí hay más consejos matrimoniales para tener en cuenta:

• **Propuestas**

Aconsejar a tu pareja en momentos de estrés o problemas es una excelente manera de hacer que tu matrimonio funcione. Si puedes darle algunos consejos a tu cónyuge, estará feliz de estar contigo.

¿No sabes cómo dar consejos? Ningún problema. Puedes darles un masaje en la espalda o simplemente un abrazo en cualquier momento. Hazle más preguntas sobre el tema y demuéstrale que estás realmente interesado. La mayoría de los hombres no quieren escuchar todos los detalles del día de su cónyuge. Algunos detalles están bien, pero cuando los llevas demasiado lejos, se sienten abrumados y no saben qué decir.

Ser fiel a tu pareja significa verlos a menudo, planear citas nocturnas y hacer tiempo para ellos sin importar lo ocupados que estén. Si tienes una ventana pequeña para estar con ellos en tu día libre, ¡adelante! Al mostrar tu lealtad, sabrán que te preocupas por ellos y formarán un fuerte vínculo contigo. Este tipo de relación se convierte en algo más y, a menudo, dura años.

• **Honestidad**

Si ya eres una persona honesta, esto puede ser fácil para ti. La honestidad reducirá los problemas en una relación, incluso si fue tu culpa la que causó el problema o el accidente. Si no puedes confiar en alguien en una relación, siempre tendrás dudas sobre su comportamiento. Obviamente, esto no es muy saludable ni para ti, ni para tu pareja. No querrás acusarlos de hacer algo mal. Tal vez nunca hicieron nada malo y les debes una disculpa. ¿Ves lo que sucede cuando no hay honestidad en una relación? Esto solo empeora la situación.

- **Privacidad**

¿Sabías que la intimidad y el amor van de la mano? Aunque algunas mujeres no lo vean así, los hombres ven la intimidad en la cama como una forma de amor. Creen que es terapia sexual. La mayoría de los hombres se vinculan con sus esposas después del sexo. Además, los juegos previos son extremadamente importantes para las mujeres. Los hombres también necesitan saber esto. Si eres insistente con tu esposa, ella puede sentir que no la amas, y si no quieres intimidad, pensará que no valoras su cuerpo. Tómate tu tiempo y diviértete. Disfrutarán aún más de la experiencia.

- **Reír**

Es divertido reír con tu pareja e incluso invitarle a "jugar" juntos. ¿Recuerdas empujar a tu media naranja a la piscina con toda la ropa puesta? No estabas contento en ese momento y ambos se rieron de eso después. La foto que tomaste de él luciendo sorprendido mientras cae es hilarante. Al ver todo lo que pasó, no pudiste evitar reírte. Hacerle cosquillas o incluso burlarse mutuamente siempre es una buena manera de poner una sonrisa en su rostro. Cada vez que ustedes dos se ríen, crean recuerdos que durarán toda la vida. Cuando te ríes, rechazas todo lo malo de la vida. La risa es también una forma de terapia.

- **Crianza**

Es muy importante ser un buen padre para tus hijos. La forma en que los tratas también puede afectar a tu cónyuge. Si eres una mamá que está estresada porque tus hijos no te escuchan, probablemente termines gritándoles de vez en cuando. Tu marido lo rechaza porque quizás sea una persona muy tranquila y comprensiva. Trata de analizar y ver lo que haces cuando tu hijo se porta mal. Aprenda de él o de los libros para padres. La forma en que crías a tus hijos los afecta por el resto de sus vidas y, lo creas o no, tiene un impacto negativo en quienes los rodean.

Soluciones permanentes a los problemas matrimoniales

Para encontrar una solución permanente en tu matrimonio, debes comenzar a resolver algunos problemas. Todo problema en un matrimonio debe tener una solución, como problemas de dinero, infidelidad, padres, etc. Aquí hay algunas soluciones permanentes que pueden ayudarte a sobrevivir cuando aparezcan.

- **Enfócate en ti**

Lo creas o no, esta estrategia funciona. Pregúntale a tu pareja qué le molesta de ti y trabaja ese rasgo personal. Si te dice que eres un gobernante, trata de calmarte. Haz algunos ejercicios para aclarar la mente y aprende a hacer las cosas por tu cuenta. Al hacer esto, te estás preparando para una mejor relación. No dependerá de lo que él / ella haga y podrás hacer la mayoría de las cosas.

- **No esperes demasiado**

Cuando esperas demasiado de tu cónyuge, se sentirá desdichado en la relación. Es posible que se sientan resentidos contigo y esto puede resultar en infidelidades, discusiones o incluso podrían alejarse de ti lentamente.

Hablar con un consejero

Hablar con un consejero es mejor que discutir sobre los problemas más pequeños. Se puede escuchar a cada lado y no tendrá que preocuparse por este tipo de comunicación que se convierte en una discusión. El consejero podrá repasar algunos de los avances que están obteniendo como pareja y las cosas pueden mejorar de lo que estaban antes.

Sería muy útil tener algún tipo de manual que ayude a las parejas casadas a superar su viaje matrimonial sin los golpes y rasguños que generalmente conlleva. Sin embargo, es bastante popular señalar que la mayoría de las personas aprenden de sus propias experiencias o de las experiencias de los demás.

Capítulo 5
Consejos para
salvar tu matrimonio

¿Se está desmoronando tu matrimonio y las cosas ya no son como antes? Tienes dos opciones: puedes romper o... Eso es todo, ¡luchemos por la relación!

¿Cómo salvar el matrimonio, cómo evitar una crisis entre ustedes? ¡Aquí hay algunos consejos importantes!

El amor es lo más importante... ¿Todavía se aman? Primero pregúntate si todavía sientes algo por tu pareja. Si es así, vale la pena luchar por ello. De lo contrario, desafortunadamente, todos los esfuerzos pueden no funcionar en absoluto. El amor es la base de las relaciones profundas, aunque cambia un poco con los años y toma un color diferente con el tiempo. ¿Ya no te agrada tu cónyuge, te molesta? Considera si tiene sentido salvar el vínculo, y sin con ello serás feliz.

Trata de resolver tu mayor problema

Algunas cosas pueden ser especialmente malas para la relación. ¿Quizás sea una traición de alguno de ustedes? A veces, una relación no se puede reparar después de una pérdida de confianza, y muchas parejas tienen problemas para superarlo. ¿Qué pasa si hay incertidumbre sobre la paternidad? En tal caso, vale la pena considerar una prueba de paternidad para disipar cualquier duda. Si ella se alejó emocionalmente, por ejemplo, después de un aborto espontáneo o de esfuerzos fallidos por tener un bebé, trata de mantenerte a su lado, no de atribuirle la culpa. Recuerda, tú elegiste a esa pareja para compartir el amor, no para ser tu fábrica de bebés.

Encuentra actividades y pasatiempos comunes

Si no han estado juntos durante mucho tiempo, ¡ahora es su oportunidad de cambiar eso! Encuentra algo que los haga felices a ambos. ¿Clases de cocina, baile, esquí, vacaciones? Hay muchas posibilidades que pueden acercarlos nuevamente. ¡Los pasatiempos compartidos son una de las claves para una relación exitosa!

La terapia puede ayudar

Aunque muchas personas ni siquiera quieren saberlo, el tratamiento profesional es una buena opción. Tal vez con un extraño que sea objetivo y no juzgue, será más fácil para ti aceptar nuevas soluciones y el punto de vista de tu pareja. Aunque creas que no es para ti, unas cuantas sesiones suelen ser suficientes para evitar una crisis.

Programar tiempo juntos

Para que una relación sea efectiva, ambas partes deben estar igualmente comprometidas a que la unión sea lo más efectiva posible. Esto incluye explorar formas de pasar tiempo juntos sin coerción.

Disfrutar de la compañía del otro

Hacer un esfuerzo por pasar tiempo juntos es muy importante si la pareja tiene la intención de hacer crecer la relación y mantenerla feliz y saludable durante mucho tiempo. Sin el esfuerzo de pasar tiempo de calidad, la pareja puede terminar separándose y esto puede incluso conducir a la posibilidad de un divorcio. Es importante dedicar tiempo el uno al otro, especialmente si ambas partes llevan una vida profesional muy activa. Cuando esto sucede, se vuelve muy fácil usar el trabajo y otras distracciones como excusa para no hacer tiempo el uno para el otro. Esto, por supuesto, es un hábito muy malo que debe evitarse durante una relación.

Las siguientes son algunas recomendaciones sobre cómo crear la plataforma ideal para pasar tiempo de calidad y así mantener la relación actual y sólida:

•	Antes de que la relación llegue a la etapa actual, ambas partes habrán hecho cosas juntas que fueron lo suficientemente agradables como para considerar dar el siguiente paso y casarse. Por lo tanto, hacer el esfuerzo de continuar disfrutando de estas mismas actividades será beneficioso para ambos.

•	Encontrar cosas nuevas para hacer juntos que ambos disfrutarán es otra buena manera de crear la oportunidad de compartir el tiempo. Idealmente, estas nuevas actividades deberían ser del tipo que disfruten ambas partes, sin embargo, a veces puede ser necesario disfrutar de algo que solo uno de los socios le gusta realmente.

Cuando se trata de mantener una relación viva y emocionante, a menudo es necesario darles vida a las cosas de vez en cuando. Esto se puede hacer a través de una carta de amor o una cita nocturna.

Mantenerse física y mentalmente saludable.

Durante la fase de citas, todos generalmente hacen un esfuerzo adicional para verse y sentirse lo mejor posible. Desafortunadamente, este no es el caso cuando una pareja se siente cómoda el uno con el otro y ha estado en una relación por algún tiempo. Los expertos en este tema desaconsejan encarecidamente descuidar la apariencia. Lo mismo ocurre con el crecimiento psicológico personal.

Mostrar orgullo en ti mismo

La gente no parece entender la importancia de estar sincronizados en ambos frentes. Ninguno de los dos estará interesado en volver a una relación que no ha hecho ningún esfuerzo por emocionar al otro. Esta falta de interés a menudo conduce al aburrimiento, lo que en última instancia obliga a ambos socios a buscar emociones fuera de la relación existente. Siempre existe el riesgo de que el compañero que se queda en casa termine en deterioro mental y físico.

Algunas personas no parecen entender lo que les hace a los demás, tanto mental como físicamente, cuando demuestran una total falta de interés en el mantenimiento general. Esto es especialmente cierto cuando hay tantas tentaciones fuera del matrimonio.

Los horarios ocupados y los compromisos son a menudo una excusa para no enfocarse en verse lo mejor posible, tanto mental como físicamente. Si ambas partes no están haciendo un esfuerzo conjunto para hacer que la otra se vea bien, seguramente dará la impresión de que no se están tomando la relación lo suficientemente en serio.

Poner a su cónyuge primero

Hacer que su cónyuge se sienta importante y amado en una relación seguramente beneficiará a ambas partes, ya que el esfuerzo no pasará desapercibido a largo plazo. Hacer que alguien se sienta importante no solo es una excelente manera de demostrarle tu amor y respeto, sino también otra manera de apreciar a tu ser querido.

Colocarlos en un pedestal

No se trata de que uno sea el amo y el otro el esclavo, sino de hacer sentir al otro que es especial para nosotros. Las parejas felizmente casadas casi siempre darán fe del hecho de que tratarse unos a otros con respeto y amor contribuye en gran medida a mantener la relación sólida y poder resistir la prueba del tiempo. Además de la razón más obvia, como el amor y el respeto por el cónyuge, este tratamiento también mostrará el nivel de valor que el individuo otorga a la existencia del cónyuge dentro del contexto de la relación.

La forma correcta de poner a tu cónyuge primero en tus pensamientos y acciones es buscar siempre su opinión al tomar decisiones importantes que los afectan a los dos. Otros pueden incluir encontrar formas de mantener a su cónyuge feliz y satisfecho en la relación, hacer un esfuerzo consciente para disfrutar o planificar actividades que harán que tu cónyuge se sienta especial y amado, o incluso comprar pequeños regalos sin ninguna razón en particular que no sea el amor. Las cosas simples que no cuestan mucho trabajo o dinero, como abrir una puerta o acercar una silla para ella, hacen que tu cónyuge se sienta especial y amado.

Importancia de salvar un matrimonio

El matrimonio no debe tomarse a la ligera, especialmente cuando hay señales de que se están gestando problemas en la relación. La mayoría de las personas tratan de hacer lo necesario para salvar su matrimonio antes de tirar la toalla o levantar la bandera blanca del fracaso. ¡No te rindas!

Vale la pena salvar cada matrimonio, y definitivamente vale la pena intentar volver a lo que una vez fue bueno y emocionante. Esto es aún más importante cuando hay niños involucrados. Aquí hay algunas maneras de averiguar si tú y tu pareja están realmente interesados en salvar el matrimonio:

•   Reserva algo de tiempo para hablar sobre las cosas que han hecho que el matrimonio pierda su brillo. Es posible que esto no sea fácil de hacer sin ayuda externa, como un grupo de apoyo o sesiones de asesoramiento. Intentar hacerlo sin una guía puede hacer que la pareja se meta en una discusión o, peor aún, en una pelea donde las acusaciones infundadas empeorarán la situación.

•   Buscar genuinamente otra oportunidad para que el matrimonio funcione es otra opción a explorar en la búsqueda para salvarlo. A veces, pedir otra oportunidad y luego tomar todas las medidas necesarias para garantizar que se haga un esfuerzo genuino ayudará a ambas partes a ver el matrimonio desde una perspectiva diferente. La participación activa hacia el objetivo final de salvarlo requerirá compromiso y perseverancia.

•   Algunas personas pueden decidir tomar decisiones que cambian la vida físicamente para demostrar su sinceridad en el deseo de salvar el matrimonio. Estos pueden incluir cambiar de trabajo, mudarse a un vecindario más tranquilo para crear una mejor calidad de vida o incluso nuevas actividades.

Realmente no tiene sentido renunciar a un matrimonio y perder muchos años y esfuerzo. Mientras haya amor en los corazones, todavía existe la posibilidad de arreglar las cosas. Sin embargo, es importante saber cuándo es mejor terminar una relación, como situaciones tóxicas o abusivas. Si todavía hay una chispa allí, aunque definitivamente debería probar algunos de los consejos anteriores para arreglar su matrimonio, después de todo, algunas personas creen que solo tiene una oportunidad para el amor verdadero.

#######